LA GUERRE À L'EST

collection tempus

AUGUST VON KAGENECK

LA GUERRE À L'EST

Histoire d'un régiment allemand 1941-1944

Perrin

www.editions-perrin.fr

ISBN : 978-2-262-01902-0
tempus est une collection des éditions Perrin.

CARTES

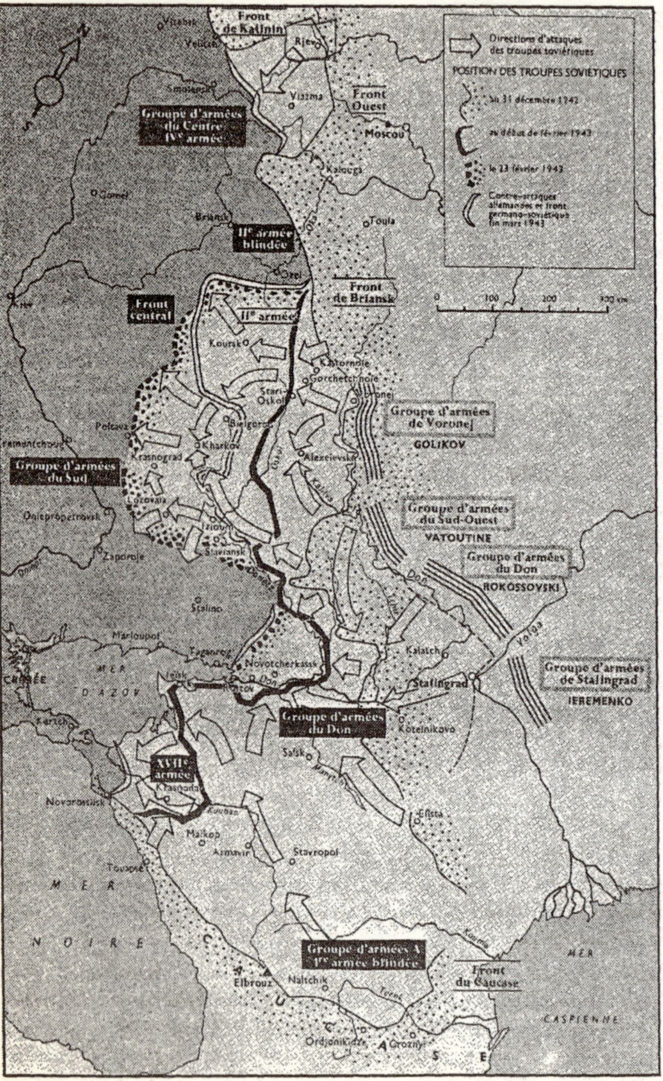

Les opérations sur le front germano-soviétique, janvier-mars 1943.
Au nord, la forteresse du 18e régiment d'infanterie.

Les opérations sur le front russe, juillet 1943-avril 1944.

AVANT-PROPOS

Ce livre est né d'une suggestion de mon éditeur et ami François-Xavier de Vivie. Dans l'histoire militaire de la Deuxième Guerre mondiale, estime-t-il à juste titre, la phase la plus longue, la plus meurtrière, la plus exigeante et la plus éprouvante sur tous les plans a été la guerre menée par les Allemands contre l'URSS durant près de quatre ans, sans interruption. Près de 85 pour cent des soldats allemands tués ou disparus l'ont été à l'est. Comment, s'interroge l'observateur, une fois l'invasion surprise arrêtée aux portes de Moscou, l'armée allemande a-t-elle pu résister aussi longtemps à une Armée rouge aux effectifs de plus en plus supérieurs, de mieux en mieux équipée grâce à l'aide américaine, servie, qui plus est, par l'immensité de son empire et par des éléments naturels — le froid terrible, la neige, la boue — que les soldats du Reich étaient mal préparés à affronter ? Il faudrait, me dit l'éditeur, pour restituer ce qu'a vécu la troupe, non pas une histoire générale qui a déjà été écrite, mais celle d'une unité ayant combattu sur le front de l'Est d'un bout à l'autre de la guerre. Cela afin de suivre celle-ci, non pas au travers de grandes manœuvres ou de grandes batailles, mais au plus près des hommes, dans le quotidien du combat ou de l'attente, quand la crainte de la mort ou de la capture, l'instinct de survie, la fraternité d'armes à l'échelon de la section ou de la compagnie, la discipline, l'entraînement mutuel, l'amour-propre expliquent le dépassement de soi, à l'exclusion de toute idéologie.

J'ai d'autant plus souscrit à cette suggestion que j'avais la documentation permettant de raconter l'histoire d'un régiment d'infanterie dont la vie et les morts, je peux l'affirmer, ont valeur générale.

J'avais une autre raison d'écrire ce récit. C'était l'occasion de corriger un malentendu né de mon précédent ouvrage *Examen de conscience* (Perrin, 1996). Bouleversé par ma découverte tardive d'exactions commises ou couvertes par l'armée à laquelle j'avais appartenu, j'ai écrit, je maintiens et je déplore que nombre de grands chefs de la Wehrmacht, aveuglés par Hitler, ont été conduits — par leurs directives ou par leur silence — à se faire les instruments d'une guerre d'extermination du « système judéo-bolchevique », selon la terminologie de l'époque. Or, beaucoup de mes amis français ont été heurtés par mon propos. Admirant sur le plan strictement militaire ce que l'armée allemande a accompli, dans la défensive comme dans l'offensive, ils ont eu l'impression, en quelque sorte, que je « trahissais » mes compagnons d'armes, que, sensible à l'air du temps, ou « politiquement correct », je les englobais dans la condamnation collective du régime. Il n'en est évidemment rien. Je suis bien placé pour le savoir, non seulement la grande majorité des officiers et des soldats n'étaient ni des criminels, ni des brutes sans états d'âme, mais ils ont éprouvé un doute grandissant quant à l'utilité et à la justesse de leur cause.

S'il en était besoin, l'histoire de ce régiment allemand sur le front de l'Est, un front que j'ai connu moi-même pendant dix-huit mois comme très jeune officier de l'armée blindée, m'a renforcé dans cette conviction. Ces hommes n'étaient pas seulement des héros dans le sens commun du terme, ils étaient des hommes justes, intègres, et ils étaient souvent habités par un grave conflit de conscience. Leur sacrifice est d'autant plus tragique.

Si j'ai choisi ce régiment de fantassins, ce n'est pas parce que l'un de mes frères y a trouvé la mort. C'est simplement parce que je disposais de deux témoignages exceptionnels : celui du Dr Haape, médecin au 3e bataillon du régiment de

1940 à 1943 et ami de mon frère, et celui du président de l'association des anciens du régiment, Ernst-Martin Rhein, l'un des chefs de bataillon du régiment. Il a rassemblé ce qui restait des journaux de marche, lettres et témoignages des soldats dans une bouleversante *Histoire du 18e régiment d'infanterie-grenadiers rhénano-westphalien, 1939-1945* dont j'ai fait un large usage.

Mais Ernst-Martin Rhein est aussi celui qui, pour se réconcilier, est allé à la rencontre de l'adversaire de naguère, le soldat de l'ex-Armée rouge. En faisant cela, il a accompli le plus cher désir des rares survivants de son unité. Contraints de mener une guerre sans merci, ces rescapés ont trouvé dans cette réconciliation un ultime apaisement.

1

Marcher, ils savent ce que c'est. Ils connaissent, les hommes du 18e d'infanterie, depuis le 1er septembre 1939. L'Allemagne d'abord, la marche vers le Westwall, le mur à l'ouest (appelé « **ligne Siegfried** » par les adversaires), à partir de leurs garnisons de Westphalie, Bielefeld, Paderborn et Detmold. Pas de fleur au fusil, discrétion extrême, départ de nuit pour éviter une population sceptique et pas du tout enthousiaste.

Et puis, après quelques escarmouches avec les Français le long de la Sarre pendant la « drôle de guerre », la longue marche vers l'ouest. Le Luxembourg d'abord, puis la Belgique, le nord de la France jusqu'à l'embouchure de la Somme. Une course effrénée derrière les divisions de Panzer qui caracolent joyeusement loin devant. Trente-cinq, quarante, cinquante-cinq kilomètres par jour. L'asphalte, la chaleur, la soif.

La course s'arrête sur la Loire, au bout de quarante-deux jours seulement de campagne. En un peu plus de six semaines, la France avait été battue, archibattue. Incroyable, fou, complètement imprévisible. Les pères de ces guerriers étaient restés quatre ans dans ce pays et, à la fin, ils avaient dû rebrousser chemin, sans résultat, ou plutôt, avec un résultat terrible : la défaite, le « diktat de Versailles ». Ah ! qu'elle est belle, la revanche !

Le commandant de leur division, la 6e DI, le très noble baron von Biegeleben, leur avait jeté un jour :

— Allez les gars, dépêchez-vous, avant ce soir nous devons vaincre la France !

C'était sur la Seine, aux Andelys, le 9 juin 1940. Le 18e RI devait prendre le pont sur la Seine avant qu'il ne soit détruit. Soixante kilomètres de marche en un seul jour, après des jours et des jours d'avancée.

— Allez les gars, en avant, nous les aurons ce soir !

Le baron savait qu'il pouvait demander l'impossible à ses hommes, car ceux-ci sentaient l'ennemi cassé, battu. fini. Et pourtant, leur face inondée de sueur, leurs lèvres gercées, leurs yeux rouges de fatigue, le général voyait tout cela, comme il voyait la tête des chevaux traînant les chariots, tellement basse qu'elle touchait presque le macadam. Il en était si ému de leur demander tout le temps l'impossible qu'il mourut quelques jours plus tard, d'une crise cardiaque, dix jours après l'armistice.

Et maintenant ? Maintenant, ils marchaient encore, les pauvres diables du 18e RI. Ils marchaient depuis vingt jours déjà dans ce maudit et fascinant pays qu'est la Russie. Oui, la Russie. Qui aurait cru qu'il faudrait un jour se mesurer à l'Armée rouge, l'alliée, depuis la Pologne ? Mais le Führer devait savoir. Il avait certes ses raisons. Le bolchevisme, évidemment, le danger mortel. La lutte à mort entre deux systèmes apparemment diamétralement opposés, dans une guerre idéologique. D'un côté les nôtres, cette formidable Wehrmacht, habituée aux victoires depuis trois ans et quatre campagnes, motivée à bloc, irrésistible, composée de jeunes hommes forgés par le national-socialisme, dure comme l'acier Krupp, flexible comme le cuir, rapide comme le lévrier. Investie d'une mission quasi métaphysique : sauver l'Occident face à la menace des hordes asiatiques porteuses d'un venin mortel : le judéo-bolchevisme.

De l'autre, cette armée inconnue, appelée rouge, en réalité couleur brun de terre, bizarrement composée d'éléments hétéroclites, asiatiques pour la plupart : Kirghiz, Turkmènes, Mongols, Tatars, les yeux bridés, le front fuyant, les pommettes hautes, la bouche charnue, la peau couleur amande. En France, la grande nation leur avait présenté les fils de son empire : noirs, bruns, jaunes. Ici, à présent, Staline leur envoyait les peuples de son empire, couleur amande. Elle n'avait pas une réputation formidable, cette Armée rouge. N'avait-elle pas été battue par la petite Finlande l'hiver précédent ? Et puis, elle n'avait pas un âge respectable non plus, formée à peine une quinzaine d'années auparavant, sans aucune expérience d'une guerre d'envergure, décapitée pendant un temps par les purges de Staline. Son armement ? Pas formidable non plus : ces chars d'un autre âge, ces petits avions RATA qu'on pouvait abattre à la carabine tant ils volaient lentement et bas.

Et pourtant. Ce ferait tout de même un autre adversaire que ceux qu'on avait eu à combattre jusqu'à maintenant. Plus rien à voir avec les Polonais romantiques, les Français démoralisés, les Anglais amateurs. Le Russe était dur, fourbe, imprévisible, attaquant par derrière, ne respectant pas les conventions de Genève qui protègent les mourants et les prisonniers. *Untermensch* ? Sous-hommes ? Peut-être. Du moins d'autres hommes si on les compare aux adversaires occidentaux, des gens comme nous en somme.

Les premiers jours de combat en avaient fait la preuve, les 22, 23 et 24 juin 1941. Les hommes du 18e d'infanterie étaient en première ligne et firent partie de la première vague d'assaut. Oui, d'assaut. Car ils avaient attaqué. Attaqué une armée russe méfiante, certes, rendue nerveuse par l'incessant remue-ménage de l'autre côté de la ligne de démarcation qui séparait les deux armées depuis la fin de la Pologne, mais tout de même endormie.

*

* *

Le 18e RI était arrivé en Prusse-Orientale quelques semaines auparavant, venu directement de France, par rail. Il y avait monté la garde sur la Manche, depuis qu'avait été prévu le débarquement en Angleterre en juillet 1940, débarquement avorté par la volonté du Führer qui n'y croyait pas. Fort de ses trois bataillons de fusiliers et de ses 13e et 14e compagnies équipées en armes lourdes, mitrailleuses, mortiers, canons antichars et obusiers d'infanterie de 150, il avait attendu, réparti dans de petits villages autour de la ville de Suwalki, polonaise jusqu'en septembre 1939 et faisant maintenant partie du « Généralgouvernement » allemand en Pologne vaincue, les consignes du haut commandement sur le futur rôle du régiment.

Les rumeurs, parmi les officiers, allaient bon train. Officiellement, le régiment avait été muté d'ouest en est « pour la sécurisation de la frontière orientale du Reich » comme des milliers d'autres unités en ces semaines du printemps finissant de 1941. Sécuriser contre qui ? Il n'y avait pas d'ennemi. La Russie des Soviets était l'alliée du Reich depuis août 1939. Il existait des échanges amicaux entre officiers. Des trains de marchandises qui traversaient quotidiennement la frontière. Il n'y avait plus qu'un seul adversaire : l'Angleterre, qu'il faudrait bien abattre un jour pour avoir la paix sur le continent.

Mais le climat entre Berlin et Moscou s'était détérioré depuis quelques semaines, précisément depuis la visite de Molotov en novembre 1940 à Berlin. Le ministre des Affaires étrangères de l'Union soviétique et ses deux interlocuteurs, Ribbentrop d'abord, puis Hitler en personne, avaient constaté, au cours de leurs conversations qui durèrent trois jours, que les intérêts des deux empires ne coïncidaient plus en aucun des lieux où se touchaient leurs pays, ni dans la Baltique, ni en Pologne, ni surtout dans les Balkans. Les deux parties s'étaient séparées de fort mauvaise humeur. Hitler était plus que jamais convaincu qu'il fallait d'abord se dresser contre l'Union soviétique, l'abattre au plus vite pour avoir les mains libres contre l'Angleterre et obtenir, par-dessus le marché, l'espace vital à l'est pour assurer la survie du peuple allemand. Dès décembre, le Führer avait donné ordre à ses généraux de pousser les préparatifs de l'attaque au maximum et d'être prêts à l'assaut, début juin au plus tard. Un nom de code digne de l'ampleur de l'entreprise « Barbarossa », alias Frédéric Ier de Hohenstaufen, roi et empereur légendaire du Ier Reich, créateur de la grandeur allemande, défenseur de l'Occident contre les incroyants. Cette fois-ci, les combattants germaniques allaient être investis d'une nouvelle mission : une croisade moderne contre la puissance des ténèbres : le judéobolchevisme.

De tout cela, les hommes du 18e ne savaient rien, à leur

arrivée en Prusse-Orientale. Ni « Corle » Becker, le bedonnant commandant du régiment, à la tête de l'unité depuis l'arrivée en Prusse-Orientale seulement, ni les commandants de ses trois bataillons, le capitaine Bickmann pour le premier, le commandant Höke pour le deuxième, le capitaine Neuhoff pour le troisième.

Rhénans et Westphaliens tous les trois, comme la plupart des commandants de leurs compagnies, Anuschewski, Sahrhage, Rhein, Grote, Deppe, Stolze et Kageneck, pour ne nommer que les plus anciens, les plus aguerris. Rhénans et Westphaliens comme leurs soldats, une fine race de guerriers, paysanne, solidement implantée dans son sol, dans les fermes entre le grand fleuve à l'ouest et le Teutoburgerwald à l'est, aux confins de la Basse-Saxe et des grandes plaines du nord. Catholique depuis Charlemagne et difficile à décrotter de ses convictions chèrement acquises au cours des siècles, peu perméable au national-socialisme et à ses grands-messes tonitruantes.

Tout ce beau monde finit tout de même par savoir qu'un grand événement se préparait. En effet, les consignes étaient devenues sévères. Pas de mouvement de jour, pour éviter la découverte par les petits avions de reconnaissance russes qui survolaient la frontière ou par les guetteurs implantés sur de hauts miradors le long de cette même frontière. C'est le 15 juin seulement que la division convoqua les commandants des trois régiments pour leur faire part des intentions du 6e corps d'armée qui devait attaquer sur l'aile gauche du 3e groupement blindé du général Hoth. Un jour plus tard, Carl Becker informa ses trois commandants de bataillon de la « conduite du combat prévisible du régiment », et le 18 juin arriva le mot de passe pour la troupe, envoyé par la division : « jour de revue : 22 juin 1941 ». Les compagnies commencèrent leur mouvement vers les positions d'attaque reconnues auparavant. La nuit, sans le moindre bruit, interdiction de fumer, de parler, de rire. Les hommes étaient tendus, renfermés, anxieux. Ils étaient pressés d'en découdre.

Jörg von Kalckreuth, le jeune aide de camp du commandant du régiment, écrivit une dernière lettre à sa femme :

« Hier, je t'ai écrit pour ton anniversaire, plongé dans

mes pensées profondes et graves. Je ne puis toujours me conformer à la réalité qui s'étale devant nous. Advienne que pourra — tu seras toujours, toujours à mes côtés —. Ne crois pas que j'aie peur, j'éprouve plutôt un sentiment d'insatisfaction. Insatisfaction devant tout. Peut-être trouverons-nous une parole qui nous emporte, nous stigmatise. Quel était donc notre enthousiasme, il y a un an, en France ! Tiens mes pensées pour toi, elles ne sont nullement mûries, manque de temps. » Le Dr Heinrich Haape, médecin de campagne au 3e bataillon du 18e d'infanterie, a donné une description précise de la nuit d'attaque, dans ses mémoires de guerre parus en 1980, deux ans avant sa mort.

« Encore cinq minutes. Nous sommes le 22 juin 1941. Je suis debout, à côté de Neuhoff, le commandant, et de Hillemans son aide de camp, sur une petite butte à la frontière sud-est de la Prusse-Orientale. Devant nous les vastes plaines de la Lituanie, encore enveloppées du noir profond de la nuit. Je regarde le cadran lumineux de ma montre-bracelet. Il est exactement 3 heures du matin. Je sais qu'un million d'autres soldats allemands regardent au même moment leur montre. Elles sont toutes synchronisées entre elles. Trois groupes d'armées et la Luftwaffe sont prêts à l'assaut. Échelonnés en profondeur, d'innombrables compagnies, bataillons, régiments, divisions attendent. Escadrilles derrière escadrilles, bombardiers, chasseurs, éclaireurs attendent. Ils attendent l'heure upsilon.

« Encore quatre minutes, le front oriental entier, de la baie botnique à la mer Noire, est aligné pour le grand coup contre la Russie. L'offensive sera portée simultanément à partir de la Finlande, de la Prusse-Orientale, de la Pologne, des Karpates et de la Roumanie. Un gigantesque coup de tonnerre va détruire les fortifications de l'ennemi le long de la frontière. Nos soldats, endurcis sur tous les champs de bataille d'Europe, savent ce qui les attend. Ils savent qu'un pays d'une immense étendue s'étale devant eux...

« Encore trois minutes. Je pense à mes camarades. Une petite brise, venant des plaines lituaniennes, s'est levée et me caresse la figure. Je réalise que je transpire légèrement. Est-ce la tension de cette nuit insupportable ? Je perçois le léger cliquetis de nos hommes qui se glissent dans leurs positions d'attaque. Quelqu'un allume une cigarette, immédiatement rabroué par le voisin. La cigarette tombe par terre, un mouvement de botte, fini. Un cheval s'ébroue, halète, tape du pied. Il me semble apercevoir une première lueur du ciel à l'est. Je cherche à fixer le regard sur quelque chose pour me divertir. Ils ne veulent donc pas passer ces foutus derniers moments ?

« Encore deux minutes. Mes pensées retournent au pays, chez Martha, ma fiancée. Elle devrait dormir à présent, comme toutes les femmes de millions d'hommes sur ce vaste front. Nos femmes ignorent ce qui va se passer chez nous. Nous allons marcher des semaines, des mois, des années peut-être, connaître des noms de villes, de villages que nous ne retiendrons pas mais qui s'inscriront dans l'Histoire. Des tombes vont joncher nos chemins, des tombes...

« Encore une minute. Plus rien dans ma tête, sauf l'aiguille des secondes qui avance. La tension me coupe le souffle, mon pouls bat comme un fou. Ça y est. Le coup est parti. Des milliers de canons de tous calibres ont tiré au même moment. Le feu, au départ de leur bouche, transforme la pénombre en plein jour. Une immense clameur. Un bruit infernal. L'enfer est lâché. L'Histoire s'écrit à nouveau. Nos propres canons tirent sur les blockhaus russes devant nous, en tir tendu. Nos mitrailleuses ont ouvert le feu. Les Russes, nullement surpris, le renvoient immédiatement. Le bruit de notre artillerie atteint son crescendo. Nos bombardiers apparaissent dans le ciel, roses de couleur dans le reflet du soleil levant. Je sais que le même spectacle se déroule, en même temps, sur trois mille kilomètres du front... Et devant nous, deux mille kilomètres qui nous séparent de notre but : Moscou... Neuhoff se tient toujours à côté de moi, droit comme un I. Je l'entends murmurer : "Et à présent, nous sommes en guerre avec la Russie, en guerre avec la Russie..." »

Les hommes du 18e ont dû se battre durement les deux, trois premiers jours de la nouvelle guerre. Finies les promenades, comme en France douze mois plus tôt. Les Russes se défendent farouchement, « bravement », comme le dira plus tard le commandant du régiment, Becker. Deux de ses bataillons, disposés en première ligne, subissent de lourdes pertes. L'ennemi est solidement implanté sur plusieurs lignes de défense, appuyées sur des fortifications en dur qu'il faut prendre une à une, à la grenade, au lance-flammes, à l'explosif. Les hommes du génie de la 14e compagnie font des merveilles et se sacrifient aveuglément. Il faut faire vite pour atteindre le premier objectif assigné au régiment : le pont de Prianai sur le Niémen.

Deux officiers du régiment tombent le premier jour, le lieutenant Stock, de la 6e compagnie, et son camarade von Schrader, chef de section de la 7e. Ce dernier, grièvement blessé lors de l'assaut d'un bunker russe, subit un sort qui montre aux autres quelle sorte de guerre ils vont avoir à mener. Ses hommes avaient dû se retirer momentanément devant une brusque contre-attaque russe. Lorsque quarante-cinq minutes plus tard, sous la conduite énergique du lieutenant Mintrop de la 7e, ils réussirent à reprendre le terrain perdu, ils trouvèrent leur chef là où il avait été fauché par la mitraille, la gorge tranchée.

Sur l'autre mort, le Dr Haape raconte :

« L'officier tombé était le lieutenant Stock. Son corps était couché dans un champ de blé aplati par le va-et-vient du combat. Un tireur ennemi lui avait logé une balle dans la tête. Deux hommes de la 11e avec laquelle l'officier avait attaqué étaient en train de creuser une fosse. Quatre prisonniers russes, blessés, dont le sang coulait d'en dessous leurs pansements, les observaient. Dehorn, mon agile petit aide médical, leur donnait à boire. Mais deux autres Russes n'avaient pas été pansés par mes hommes dont un avait pourtant une plaie profonde à la jambe gauche. Wegener, mon sous-officier sanitaire, les tenait en respect avec sa mitrailleuse. “Nous avons soigné ces quatre Russes-là, M. le docteur, disait-il. Mais que ferons-nous avec ces deux salauds ? Ce sont eux qui ont abattu le lieutenant Stock par-derrière. Ont-ils mérité d'être soignés également ?
— Nous ne sommes pas leurs juges, répondis-je sèchement. Notre devoir est d'aider les blessés allemands et russes sans distinction, même si ces derniers ont tué un des nôtres par-derrière.” Les deux soldats avaient fini de creuser la tombe et déposèrent le corps du jeune lieutenant au fond. Rapide-

ment, ils jetèrent quelques pelletées de terre dessus et plantèrent sur la tombe une croix faite de deux bras de bois de bouleau. Puis ils pendirent la plaque d'identification sur la croix et la coiffèrent du casque d'acier de l'officier. Rien ne laissait voir que ce jeune lieutenant était un talentueux pianiste qui avait réussi à faire taire toute sa compagnie en jouant, à la messe dominicale de Littry-la-Nine, la *Sonate au clair de lune* de Ludwig van Beethoven... »

Le 18e atteignit son objectif, ponctuellement, même si le pont sur le Niémen leur vola à la figure à quelques mètres de l'arrivée. Le commandant du régiment avait formé un « détachement de l'avant », composé de la 5e compagnie du lieutenant Rhein dont les hommes avaient été équipés en bicyclettes pour avancer plus vite, d'une section de génie et d'une batterie de 105 du 6e RA de la division. Les hommes de Rhein avaient parcouru les soixante-dix kilomètres qui les séparaient du fleuve en quelques heures, transportant un peloton de tête sur deux camions, les autres suivant en pédalant péniblement sur les chemins sablonneux. Les Russes, surpris, n'avaient pas opposé une résistance durable, et, ainsi, au bout du troisième jour de l'attaque, le gros du régiment et de la division, voire du corps d'armée, avait atteint les buts assignés, formé une tête de pont sur la rive orientale du fleuve et, avec l'aide du génie, établi un pont de fortune entre les deux bords.

Un des premiers à se pointer sur le pont fut le général Auleb, le commandant de la 6e division, venu féliciter « Corle » Becker pour l'exploit fantastique de son régiment. Jörg von Kalckreuth, l'aide de camp, note dans son calepin à la date du 24 juin : « Revue des trois premiers jours. Un succès formidable. Percée des fortifications frontalières. L'ennemi se retire sur toute la ligne. Les pertes du régiment sont les suivantes : 2 officiers et 29 sous-officiers et hommes tués. 1 officier, 57 sous-officiers et hommes blessés, 3 hommes manquants. Le fort pourcentage de tués est sans doute imputable à la façon insidieuse dont l'adversaire mène le combat, souvent par-derrière et habillé en non-combattant. Certes, ce ne sera pas une guerre "humaine"... »

Non, ce ne sera pas une guerre humaine. Ce sera une

guerre tout à fait inhumaine, loin des rives de la civilisation, menée avec haine et fanatisme, soutenue par une croyance idéologique et un sens presque religieux de la « mission ». Une guerre interminable, une guerre d'épuisement, de faim, de désespoir avec un sentiment de non-retour, une guerre sans pardon. Une guerre d'espoirs fous et de terribles déceptions. Une guerre dont on souhaite la fin, une fin qui ne viendra jamais. Une guerre qui brûlera la terre, qui se terminera par une défaite terrible et, cela, dans la finis Germaniae.

Mais, dans l'exaltation de l'attaque, seule une petite minorité d'hommes s'en doutait et peut-être le craignait sans oser se l'avouer. Pour l'instant en tout cas, tous étaient sous le poids des mêmes impressions : l'immensité du pays, l'incroyable primitivisme de la vie de cette population, les routes inexistantes, la soif, la chaleur, la poussière, les poux et l'odeur nauséabonde des cadavres qui se décomposaient, toutes créatures mêlées.

Et cette marche. La marche, occupation primordiale, prioritaire, inévitable de l'infanterie, reine des champs de bataille et enfant pauvre en réalité. Cette marche qui reprit dès la traversée du Niémen. Cette marche sur les traces, comme en France un an auparavant, des troupes motorisées qui poursuivaient, loin devant, l'ennemi en fuite. Cet ennemi dont on leur avait raconté qu'il s'apprêtait à fondre sur l'Allemagne et qui n'avait résisté que trois jours.

Un, deux, trois, quatre. Un, deux, trois, quatre — un pied devant l'autre, méthodiquement, mécaniquement, en silence, le regard fixé sur les fesses du camarade de devant. Les rires, les mots échangés de part et d'autre se sont tus dès la première heure de la matinée, avant que la rosée ne se transformât en petites étuves qui s'évanouissaient sous le soleil montant. Le claquement du casque sur la boîte du masque à gaz, le grincement des cartouchières — quarante coups répartis de chaque côté sur chargeurs à cinq pour être introduits dans la culasse de la carabine 98 K — sur le ceinturon étaient les seuls bruits entendus. Car la marche était terriblement silencieuse. Elle se passait dans le sable, un sable sans fond qui retenait les bottes, ces bottes qui pèsent deux kilos chacune avec leurs semelles cloutées. Dix, quinze, vingt-cinq kilomètres dans la matinée. Une brève halte dans la chaleur de la demi-journée pour le ravitaillement, une chape de plomb et de sommeil, et ça reprenait. Encore une vingtaine de kilomètres. Et c'est la nuit, le repos, un repos qui se termine par le réveil à 3 heures, avant que le soleil ne reprenne ses droits, et alors qu'on ne peut plus rentrer dans ses bottes tellement les pieds sont gonflés. Nom d'un chien, nom d'un chien...

Et les chevaux ? Ces braves camarades à quatre pattes, indispensables pour toute avance. Ils tiraient les chariots de bagages, lourds de deux tonnes parfois, à un, à deux, à trois ou à quatre, guidés par leurs rustres palefreniers, à partir du siège du conducteur ou de la selle. Eux aussi souffraient, peut-être plus que les hommes qui pourtant mettaient souvent « la main à la roue » pour faire passer le convoi à travers les multiples ruisseaux ou les trous profonds creusés par les saisons. C'étaient pourtant des westphaliens, solides percherons, mais pas faits pour ces contrées. Ils peinaient pour soutenir le train diabolique qu'imposaient les Panzer, qui jetaient des tonnes de poussière lorsqu'ils passaient en trombe, leurs commandants négligemment penchés sur la couronne de leurs tourelles, sans un regard pour ces pauvres diables de l'infanterie.

Soutenir le train. Oui le train. Car ce furent les gens du train qui assurèrent le ravitaillement de cette immense armée qui avançait tel un reptile multivertébré qui collait aux dénivellations et rampait à travers courants et marais. Pour qu'il y eût de l'air dans ses poumons, il fallait tout lui apporter, les munitions pour les mitrailleuses lourdes si gourmandes, les grenades pour les mortiers, l'artillerie du fantassin, les obus pour les canons. Mais aussi la caisse de médicaments et de pansements, la trousse et les outils du chirurgien. Et les bagages des soldats, leurs pauvres petites choses personnelles. Et la bouffe, oui, surtout la bouffe. La roulante avec sa grosse marmite déplaçant cent cinquante litres de soupe qui était l'ordinaire du combattant, du plus haut des généraux jusqu'au plus humble des grenadiers. Le soldat avait droit à un repas chaud par jour, si toutefois la roulante était à proximité, ce qui n'était nullement assuré tous les jours, surtout pendant le terrible hiver qui attendait tous ces hommes et tous ces animaux. Pour le reste, c'était le pain, le « Kommissbrot » allemand, un pavé long de trente centimètres et large de huit, fait de seigle concassé, un peu de margarine, du fromage en tube et quelques rondelles de saucisson, le tout arrosé de thé ou d'un café indéfinissable que les soldats appelaient « Negerschweiss » sueur de nègre.

Les chevaux étaient muets. Ils ne se plaignaient pas. Ils souffraient en silence jusqu'à l'épuisement et l'effondrement dans l'attelage où les attendait, donné avec infiniment de peine, le coup de grâce. Ainsi mouraient-ils par centaines, par milliers, remplacés bientôt par le cheval local, le « Panje Pferd », le cheval du seigneur comme l'appelait le paysan polonais ou russe. Une vraie bête increvable, incroyablement résistante au climat rude, infatigable aussi à la marche, se contentant, pour tout ravitaillement, de quelques bouchées de paille ou d'écorce d'arbre. Des milliers de soldats allemands, blessés, leur doivent la vie à ces petites bêtes pas plus hautes qu'un double poney. À la fin il ne restait plus, de tous ces camarades à quatre pattes venus avec les hommes de la lointaine Allemagne, que ceux qui portaient un homme sur leur dos, un homme privilégié parce qu'il commandait un bataillon ou une compagnie, ou parce qu'il devait pouvoir se déplacer rapidement, d'un bout à l'autre du champ de bataille, le brassard de la Croix-Rouge au bras, pour sauver la vie d'un autre homme. On leur prodiguait tous les soins à ces chevaux survivants, car ils étaient le seul moyen pour l'homme qui commandait de s'élever au-dessus de la condition de ver de terre...

Le deuxième jour de leur campagne, il y eut un sujet de conversation pour les officiers, un sujet inhabituel et difficile à traiter. Le matin, les commandants de bataillon avaient fait part à leurs commandants de compagnie d'un ordre arrivé la veille de la division qui prescrivait que tous les commissaires politiques de l'Armée rouge qui tomberaient aux mains de l'armée allemande seraient immédiatement à fusiller, sans le moindre jugement d'une cour martiale.

Les officiers du régiment savaient que de tels commissaires existaient. Dans les brèves heures qui précédèrent l'attaque, on les avait rapidement mis au courant de la composition de l'armée d'en face, composition différente de toutes les armées connues auparavant, comportant un haut degré de forces politiques, de personnel politique d'encadrement et de surveillance. On leur avait dit que ce personnel, appelé commissaire politique ou politruk, était présent jusqu'à l'échelon de la compagnie, qu'il était composé de gens fanatiques, éduqués dans les écoles du parti, qui exigeait souvent une résistance désespérée, allant jusqu'à la mort délibérée devant l'ennemi au lieu de se rendre, et qu'il fallait donc hautement se méfier de ces agents virulents du bolchevisme. Mais on ne leur avait pas dit de le traiter différemment des autres prisonniers. L'ordre venu d'en haut avait donc surpris tout le monde et posait un grave problème de conscience.

Le Dr Haape, déjà cité, nous a fourni son témoignage sur l'impact que le « Kommissar-Befehl » a eu sur le corps d'officiers du 18e régiment d'infanterie.

« Un ordre émanant du haut commandement de la Wehrmacht était parvenu par radio. Il était signé par Hitler lui-même et nous donna du fil à retordre dès le lever du soleil. “Tous les commissaires politiques sont à fusiller au moment de leur capture”, y était-il dit.

« La raison invoquée : durant les premiers jours des combats, beaucoup de soldats allemands pris par l'ennemi auraient été tués d'un coup dans la nuque, ordonné par les commissaires. Les Russes auraient aussi tué des blessés incapables de se défendre ainsi que le personnel médical, et ils auraient tiré sur les ambulances. Là encore, les commissaires auraient été à l'origine de ces forfaits.

« Major Neuhoff nous avait fait part de l'ordre de Hitler, la figure sombre. Kageneck, commandant la 12e compagnie, Stolze, chef de la 10e, et moi-même le discutions en trottinant sur nos montures. “Au diable avec la fusillade d'hommes sans défense même s'ils sont des criminels disait Kageneck. En tout cas cet ordre est une faute. On ne pourra pas le dissimuler. Et qu'adviendra-t-il si les Russes s'en rendent compte ? Les commissaires se défendront jusqu'au bout car ils savent qu'ils ne sauveront leur peau en aucune façon. Et songez donc à l'exploitation par la propagande ennemie ! — Je suis contre toute généralisation, intervins-je. Chaque homme a le droit d'être traité en individu et d'être jugé, le cas échéant. Qu'en pensez-vous, Stolze ?"

« Stolze serrait les lèvres et mit un temps à réfléchir. "Jamais je ne donnerai l'ordre de tuer quelqu'un de sang-froid, quel qu'il soit. En outre, je ne connais pas la différence entre un commissaire et un officier russe ordinaire et n'ai aucune envie de la connaître. Mais, tenez cela pour vous, messieurs !" »

Et Haape d'ajouter : « Stolze n'a aucun souci à se faire, nous ne transmettrons pas son opinion aux échelons supérieurs. Cette opinion était partagée par presque tous les officiers du régiment. Comme dans la plupart des unités de l'armée allemande engagées à l'Est, aucun commissaire politique de l'Armée rouge n'a été fusillé chez nous à la suite du "Kommissar-Befehl". D'ailleurs, nos soldats ont souvent trouvé des commissaires morts. Ils étaient soit tombés au combat, soit assassinés par leurs propres subordonnés. Parfois, ils avaient visiblement choisi le suicide pour échapper à la capture. Ceux, rares dont nous avions pu nous rendre maîtres, vivants, furent renvoyés en arrière, dans le flot d'autres prisonniers où ils se diluèrent... »

Ce flot dont Haape parle gonflait en effet de jour en jour. Souvent, les fantassins du 18e croisaient des groupes d'« Ivans » — nom vite trouvé pour le soldat russe — faits prisonniers par les troupes blindées loin devant. Cela remontait le moral. Le 30 juin, huit jours après le début des hostilités, les hommes du 18e recevaient la communication d'un ordre du jour du 6e corps d'armée, signé par le commandant, le Generaloberst Strauss. C'était une fanfare, un triomphe.

« La 9e armée, en liaison avec la 4e armée et deux groupements blindés, a encerclé et détruit de fortes forces ennemies dans la région de Bialystok. L'ennemi a perdu environ 100 000 prisonniers. Les pertes en vies humaines sont encore plus nombreuses. 1 400 blindés et 550 pièces d'artillerie sont tombés entre nos mains. Le matériel de guerre récupéré est innombrable. Cette première bataille d'encerclement n'est cependant que la première phase d'un plus vaste mouvement de dépassement et d'encerclement de l'Armée rouge dans l'espace entre Bialystok et Minsk. »

« Nous respirions profondément », écrit Haape dans son calepin. Ainsi, tout n'avait pas été pour rien. Les durs combats des premiers jours, la marche forcée jusqu'au Niémen, le forcing du fleuve et les marches poursuites. Leurs efforts étaient couronnés de succès, incroyablement couronnés, au-dessus de toute attente. Était-ce déjà la fin de l'Armée rouge, la fin de la guerre, le retour au pays avant l'automne ? La victoire « Blitz » sur la France n'avait-elle pas été aussi inattendue, aussi folle ?

Ce que l'Oberleutnant Kageneck leur lut dans un journal aux armées trouvé deux jours plus tard semblait confirmer leur fol espoir. « Eh, les hommes, écoutez-moi cela », s'écriait-il du haut d'un chariot, et il lisait : « Tempête victorieuse sur le front de l'Est. Contre-attaque de la dernière heure. Coup porté au cœur des préparatifs d'attaque russes. Percée des fortifications de frontière dès le premier jour. Plus de 4 100 chars et avions ennemis détruits. Brest-Litovsk tombé. Kovno et Wilno entre nos mains. Les masses de matériel détruit et pris témoignent d'une façon convaincante de l'envergure du danger. Nous savons maintenant qu'il nous a été possible de sauver l'Allemagne et tout le centre de l'Europe d'une invasion russe dont les conséquences auraient été terribles. Tout notre peuple en saura gré à nos valeureux soldats... »

Un murmure d'approbation avait suivi la lecture de l'article, rédigé par le détachement de propagande auprès du groupe d'armées centre et sans doute dicté par le ministère de Goebbels à Berlin. « La nouvelle arrivait au bon moment, note le journal de marche du régiment. Nos hommes étaient fatigués, et quelques-uns parmi eux avaient commencé à se poser des questions sur le bien-fondé de cette guerre contre la Russie. À présent, leurs doutes étaient comme envolés au vent. L'Allemagne n'était-elle pas dans son droit de prévenir une gigantesque offensive russe ? Une offensive sous les ordres d'un homme tel que Staline signifiait un grand danger pour notre patrie. »

Mais le Dr Haape, né dans une famille de médecins catholiques et traditionalistes en Westphalie, se posait quand même des questions quant à la justesse de l'attitude des dirigeants du Reich. Il s'en ouvrit à son ami Kageneck. Voici comment il relate la discussion dans ses Mémoires : « Tu sais bien que je ne suis pas un national-socialiste, disait Kageneck pour commencer. Mais il est indéniable que le communisme, à la longue, ne pourra pas vivre en bonne entente avec le national-socialisme, ni avec le capitalisme, ni avec le socialisme réformateur. Ceci est hors de question. Personne ne conteste non plus que nous avons tiré le premier coup de feu. La question qui se pose est s'il était absolument nécessaire de le faire à ce moment précis. Nous aurions probablement pu éviter la guerre avec la Russie si nous avions su détourner les appétits d'agression des communistes sur d'autres pays — la Turquie, la Perse, l'Inde, par exemple. Mais a-t-on le droit de penser de la sorte ? Peut-être aurions-nous pu aussi nous arranger avec les Anglais pour arriver à un équilibre raisonnable. Et Dieu sait si eux, les Anglais, n'auraient pas pris les armes à nos côtés contre le communisme. »

Kageneck se livrait ensuite, après une pause de réflexion, à une explication du danger que signifiait, à ses yeux, la Russie pour l'Allemagne. « L'Union soviétique s'était armée outre mesure. Un État totalitaire peut attaquer un voisin sans égard à quiconque. N'a-t-elle pas envahi les États baltes, la Finlande sans les prévenir ? Personne ne les aurait empêchés de procéder de même avec nous. — La question de savoir qui était l'attaquant sera tranchée bien plus tard, après la victoire, interjetait Lammerding, l'aide de camp de Neuhoff. Pour le moment, nous avons d'autres chats à fouetter. — Que Dieu nous vienne en aide, si nous ne gagnons pas cette guerre, Franz, disais-je à Kageneck. — Oui, que Dieu nous soit miséricordieux, répondit ce dernier dans un soupir. Mais si nous la gagnons, il nous restera à nettoyer, au retour au pays, pas mal d'écuries d'Augias, chez nous ! »

Kageneck exprimait là un sentiment partagé par un assez grand nombre de ses camarades. Peu sensibles aux enseignements du national-socialisme et doutant du bien-fondé de leur cause, ils disaient qu'il fallait d'abord « faire le boulot », gagner la guerre, et qu'ensuite on aurait le temps et le devoir de ramener l'état de droit en Allemagne.

Après une journée de « repos », le 1er juillet 1941, le régiment avait repris sa marche vers l'est. À travers un pays qui devenait de plus en plus hostile, une fois les frontières de l'ancienne Lituanie passées. Le journal de marche du régiment exprime la tristesse de ces jours d'été : « Les bulletins spéciaux du grand quartier général du Führer nous annonçant que les villes de Lemberg et Riga étaient tombées nous avaient remonté le moral. Les jours suivants, nous continuions notre route, par un temps chaud et lourd. Tusomance le 2, Klewica le 3, Oszmiana le 4. Les chemins étaient très mauvais, et 12 de nos chevaux étaient morts d'épuisement. Après une pluie d'orage tout se transforma en boue le 5. Le bataillon de génie 742 mit 12 heures pour parcourir un bout de chemin de 6 kilomètres. À Oszmiana, le 3e bataillon procéda à une rafle à la suite d'informations parlant de partisans dans le patelin. On arrêta 66 communistes et 33 hommes soupçonnés d'être des partisans. La presque totalité de la population était composée de Juifs. On nous raconta que les Russes avaient fusillé un grand nombre d'habitants avant leur départ. Maintenant, les gens d'origine polonaise se laissaient aller à leur rage contre les communistes. Ils détruisirent le monument de Lénine devant le siège du parti. Les jours suivants, nous eûmes à pleurer quelques morts parmi nous, tués par des Russes isolés. Le paysage était désespérément triste et isolé. Ce ne fut qu'à Zoltki que nous tombâmes à nouveau sur des habitations peuplées. »

Jörg von Kalckreuth note : « À Balasce, nous fûmes reçus avec enthousiasme par la population. Les jeunes filles étaient habillées de blanc et les gens étaient heureux de ne pas avoir des sauvages devant eux. » Et Noack, le commandant du 1er bataillon, de raconter un achat d'œufs dans un village voisin où les habitants, après avoir surmonté leur méfiance devant les soldats étrangers, les avaient comblés d'omelettes, de jambon et de lard. Un interprète traduisait leurs paroles : « Enfin pouvons-nous rire et nous réjouir. » Mais un habitant leur présenta ses doléances. Un soldat allemand d'une autre unité lui avait pris son vélo. Il exhiba un papier en guise de quittance. « Reçu une bicyclette [*sic*], signé Napoléon », lut Noack.

Arist von Schilling, un baron balte, était interprète auprès de l'état-major de la 6e division. Il parcourait les villages aux côtés du Rittmester Dohse, l'officier de renseignements de la division. Il leur était facile de faire taire les légendes sur la cruauté des troupes allemandes, répandues par les Russes avant leur départ. « Partout, les meilleurs propagandistes de notre cause étaient les anciens prisonniers de guerre russes de 14-18 qui avaient travaillé dans des fermes allemandes et qui ne cessaient de louer le bon traitement dont ils avaient joui de la part de leurs maîtres. La population ne voulait pas autre chose que le retour de leurs terres, confisquées par les bolcheviks et transformées en kolkhozes. "Ne nous racontez pas des trucs de propagande, ça les communistes savent mieux le faire", disaient-ils. Nous en rapportions tous les jours aux responsables du corps d'armée, insistant sur le fait que tous nos interlocuteurs, Lituaniens, Polonais, Russes ou Ruthéniens mélangés, nous avaient affirmé qu'il s'en fallait de peu de chose pour qu'ils marchassent avec nous contre le bolchevisme : un État pour les Lituaniens, de la terre pour les autres... »

Ils avançaient donc la conscience tranquille, les braves bougres du 18e. Leurs drapeaux étaient victorieux, la confiance en leur supériorité était inébranlée, et leur cause était si juste que la population les recevait en amis. Que voulait-on de plus pour supporter les contraintes, la poussière, la boue, la fatigue, l'insécurité, le combat entre deux marches forcées, les yeux rougis et les lèvres gercées ? Cette marche qui était leur condition, leur humiliation, leur vie et leur mort. C'est très simple, il suffit de lire le bilan officiel de la 6e division d'infanterie allemande de la première année de campagne en Russie.

6. Infanterie division, Ostfeldzug, Nordabschnitt, 1941/42. Le 18e régiment d'infanterie a parcouru entre le 22 juin 1941 et le 2 janvier 1942, en 76 jours de marche, une distance de 1 645 kilomètres. Dans le même temps, chaque homme du régiment a monté la garde pendant 360 heures en moyenne et a dû fournir 450 heures de service au travail (terrassement, construction d'abris, etc.).

Et ce n'était que le début. Le pire était encore devant eux.

2

« Chers parents,

« Ces derniers jours nous ont apporté de grands événements et beaucoup d'expérience. Ma compagnie s'est battue comme je l'attendais. Mon plus grand bonheur vient du fait que je n'ai perdu que six blessés, malgré les combats très durs des premiers jours. Le soldat russe se bat bien, courageusement et avec persévérance, bien plus bravement que le Français. Le commandement par contre est décevant, immobile et sans fantaisie. Quant à mes hommes ils sont gonflés à bloc. Vous devriez voir briller leurs yeux dans leurs visages minces et crasseux dès qu'on les mène au combat... »

L'homme qui écrivait cette lettre à la mi-juillet était l'Oberleutnant (premier lieutenant) Rhein, commandant la 5e compagnie, celui qui avait établi la tête de pont sur le Niémen et qui, plus tard, en hiver, accomplira un fait d'armes qui lui rapportera, premier du régiment, la Ritterkreuz, la croix de chevalier, distinction combien convoitée dont ne furent honorés que 5 070 sur les quelque 18 millions de soldats de la Wehrmacht. Distinction qui fut attribuée sur un fait d'armes unique, décisif, changeant le destin des armes dans une avance ou une bataille, suivie, dans la hiérarchie, par les feuilles de chêne, les épées et les brillants de la croix de chevalier de la croix de fer, ces derniers donnés à seulement 18 soldats de toute la Wehrmacht.

L'Oberleutnant Ernst-Martin Rhein s'apprêtait ce jour-là, de nouveau, à mener ses hommes au combat, car la 6e division du général Auleb était arrivée devant la « ligne Staline », la ligne de défense que le dictateur rouge avait fait construire dans les années 30, le long de l'ancienne frontière entre la Russie impériale et la Pologne, et qui devait bloquer l'avance de tout envahisseur venant de l'ouest vers Smolensk et vers Moscou.

C'est, comme son nom l'indique, une ligne discontinue, qui court, à l'ouest de la Dvina et du Dniepr et jusqu'en Ukraine au sud, en s'appuyant sur les marais du Pripet et les immenses forêts de la Biélorussie, fortifiée là où les accidents du terrain l'exigent, opposant, en profondeur, à l'attaquant, plusieurs ouvrages bétonnés se couvrant mutuellement. Les hommes de Rhein savaient ce qui les attendait. Mais ils s'en réjouissaient. Enfin, le vrai combat allait commencer, le jour où l'on pourrait montrer ce qu'on vaut et ce qu'on peut. Finies les marches épuisantes, les kilomètres dans le sable, le poids mort de la carabine et le fusil-mitrailleur sur l'épaule. Devant eux, Polotsk, la vieille forteresse des tsars contre la catholique Pologne, redoutable verrou devant la Dvina avec, autour, trente kilomètres de blockhaus, de tranchées et de fil de fer barbelé, appuyés sur la route de Gomel et sur un terrain situé entre deux lacs aux rives marécageuses.

Pour arriver là, les hommes du 18e qui devaient attaquer sur l'aile droite de la division avaient parcouru les derniers quarante kilomètres de leur longue marche depuis la Prusse-Orientale. Cette marche s'était déroulée partiellement sur la route que la Grande Armée napoléonienne avait empruntée en 1812. Brusquement, les éternels chemins sablés s'arrêtaient et une véritable route, pavée cent vingt-neuf ans auparavant par les hommes du génie de l'Empereur, courait entre deux rangées de magnifiques bouleaux, « alignés comme les grenadiers de l'Empereur », note Heinrich Haape.

Ah ! l'Empereur. Il occupait les soldats cultivés d'Adolf Hitler. Il ne quittait pas leur tête. Ils pensaient tout le temps à lui, à son triomphe du début et à sa triste, sa terrible fin. Et si la même chose allait nous arriver à nous aussi ? On n'était plus en 1812, on était en 1941, et si le 18e était encore à pied et à cheval comme les pauvres types de la Grande Armée, il y avait devant lui un déploiement de forces qui balayait tout, des forces blindées qui avançaient avec la rapidité de l'éclair, écrasant tout devant elles, et qu'on avait de la peine à rattraper. Plus tard, bien plus tard, devant Moscou et dans la neige, ils seront devenus très nombreux à parler de Napoléon, à lire Caulaincourt et à se poser de terribles questions.

Mais ici, on était en été, ça avançait bien et on allait prendre la ligne de Staline, le dernier obstacle avant Moscou. Sur la route, on s'était baigné dans la Bérézina, encore un fleuve destin, tant pis. Cela avait fait du bien de se laver le corps, de changer de linge, d'étaler ses membres ankylosés dans une herbe dont on n'avait pas reniflé le parfum depuis des semaines. Un des soldats avait fait une trouvaille sensationnelle : un aigle napoléonien, à demi enterré dans la vase du fleuve ; il l'avait porté en triomphe à son capitaine, Noack.

L'histoire s'était répandue dans la division, au corps d'armée. Elle avait inspiré à un rédacteur d'une Propagandacompagnie, chargé de rédiger le journal hebdomadaire aux armées, un commentaire tonitruant :

« De la même façon que le Führer a réussi à modifier génialement le plan Schlieffen* et à conduire les divisions allemandes à une grande victoire sur la France, va-t-il se servir maintenant des symboles napoléoniens pour mener la Wehrmacht allemande à une victoire décisive sur l'Union soviétique ? Nous sommes à la veille d'un temps glorieux et d'une Europe puissante et unie. Cette merveilleuse idée que Napoléon n'a pas pu matérialiser trouvera maintenant son accomplissement grâce à notre Führer. »

Lors de leurs chevauchées le long du « tract Napoleonski », ainsi appelé par la population locale, les officiers du régiment avaient discuté de l'article. Ils s'étaient posé des

---

* Le maréchal Alfred von Schlieffen, chef d'état-major de l'armée prussienne en 1905, avait arrêté contre la France le plan d'attaque qui porte son nom. Il consistait à attaquer à travers la Belgique en contournant les forces françaises par le nord. Hitler par contre avait attaqué, en 1940, par le centre et détruit le dispositif ennemi par surprise.

questions sur l'échec final du Corse et sur son erreur de s'être attaqué à un pays géographiquement invincible. Bronski, le « nazi » du régiment, avait invoqué le génie du Führer, incomparable à la mégalomanie de Napoléon, son sens des réalités, ses prévisions, sa prudence. Jacobi rappelait les difficultés de ravitaillement pour une armée au XIXe siècle. Le Dr Schulz, médecin régimentaire du 18e, avait évoqué les épidémies qui avaient décimé la Grande Armée : la dysenterie, le choléra et surtout le typhus qui avait touché des compagnies entières. « Attention, messieurs, nous ne sommes pas du tout exempts de tout danger aujourd'hui, avait ajouté le vieux médecin, attendez-vous à ce que nous soyons obligés de nous mettre à l'abri dans les chaumières dès les premiers froids, mélangés aux habitants qui sont tous porteurs de poux, et, comme il m'en souvient depuis 14-18, c'est bien évidemment le pou qui transmet cette cochonnerie. Je vous en supplie faites-vous vacciner dès maintenant. — Êtes-vous vacciné ? avait demandé Kageneck à Bronski. — Non, et j'estime que je n'en n'ai pas besoin dans votre distinguée compagnie », avait répondu l'officier, descendant par sa grand-mère d'une illustre famille anglaise.

Et puis, il s'était lancé dans des commentaires sur la grandeur de l'entreprise du Führer : écraser l'Union soviétique, avoir reconnu son immense danger pour l'Europe tandis que les démocraties occidentales, l'Angleterre en tête, continuaient à lécher les bottes de Staline. « Faites attention, Bronski, avait lâché caustiquement le jeune Jacobi, encore quelques-uns de ces discours-là et vous vous retrouverez un jour dans le fauteuil de Goebbels. »

L'attaque de la ligne Staline était fixée au 15 juillet à 5 heures du matin. Deux jours d'intensifs préparatifs et de reconnaissances avaient établi que l'ennemi s'était solidement installé sur ses positions, et s'appuyait sur d'importantes réserves d'infanterie et de blindés, renforcées de façon constante, qui étaient alignées derrière celles-là pour la contre-attaque. Le 3e bataillon du commandant Neuhoff avait, cette fois-ci, le plus dur boulot à faire : prendre le village de Gomel situé en avant de la ligne des fortifications, forcer ensuite les blockhaus des deux côtés de la route qui traversait l'étroit terrain entre les deux lacs, poursuivre l'ennemi en fuite et avancer jusqu'à la Dvina pour établir une tête de pont sur l'autre rive. On lui avait attribué pour la poursuite le détachement de reconnaissance n° 6 renforcé d'artillerie et de génie, sous la conduite éprouvée du Rittermeister baron von Boeselager, légendaire entraîneur d'hommes et porteur de la Ritterkreuz depuis la France.

Heinrich Haape, le médecin du bataillon, avait ordonné à tous les hommes d'arrêter toute prise de nourriture six heures avant l'attaque. « Ceci augmente considérablement les chances de survie en cas de coup dans le ventre », avait-il fait dire aux soldats par les gradés du service de santé dans chaque compagnie. « Je leur expliquai que l'absorption d'une seule tranche de pain contractait le sang dans les vaisseaux intestinaux, augmentant ainsi le danger d'une hémorragie interne. »

La veille de l'assaut, Neuhoff avait rassemblé tous les officiers du bataillon autour de lui pour une dernière mise au point. « Le soleil brillait encore à l'horizon, mais la fraîcheur de la nuit se faisait déjà sentir, note un participant. De loin, on entendait un soldat jouer de l'harmonica. Le vent nous apportait les odeurs de l'inévitable goulasch de la roulante. Et un kilomètre et demi à l'est, les Russes nous attendaient. »

Neuhoff avait distribué les tâches à chaque unité. « Objectif n° 1 : le village de Gomel, à prendre et à traverser rapidement dès la fin de la préparation de l'artillerie. Objectif n° 2 : les six blockhaus répartis, trois de chaque côté de la route, le pont de la rivière entre les lacs et la colline 500 mètres plus loin. Objectif n° 3 : le pont de Dalezlye et le point 62 à 5 kilomètres plus loin... La 9e de Tiedjens et la 10e de Stolze devant, la 11e en réserve. La section de génie devait attaquer avec la 9e compagnie sur la droite, avec pour objectif la réparation rapide du pont sur la rivière et la destruction des blockhaus. Les canons antichars et les obusiers resteraient avec moi. » À la fin de son exposé, Neuhoff avait rédigé un ordre du jour aux hommes de son bataillon qui se termina par les mots : « Nous, hommes du 3e bataillon, officiers, sous-officiers et soldats, nous allons au combat avec la foi en la victoire pour le Führer, pour notre peuple et notre patrie. En compagnie, le 14 juillet 1941. Signé : Neuhoff, major. »

Tout le monde s'était couché pour quelques heures avant d'attaquer, avant de s'établir, à partir de 3 heures, sur les positions de départ. Haape s'était retiré avec son gradé, le sous-officier Wegener, dans sa Mercedes à croix rouge pour se protéger contre les myriades de moustiques qui montaient des marais. On fumait cigarette sur cigarette, à l'abri d'une large haie de buissons. « Derrière nous, écrit-il, 38 batteries d'artillerie attendaient le signal du départ. Parmi elles la "grosse Lina", un obusier spécial de 250 qui devait détruire les plus gros bunkers d'en face. À côté de nous, j'apercevais, dans les premières lueurs de l'aube, quatre pièces de 88 chargées de combattre en tir tendu les meurtrières des premiers blockhaus. Leurs servants étaient adossés à leurs pièces, eux aussi fumant sans cesse. Tout autour de nous, je devinais, dans la pénombre, nos hommes, dissimulés dans les blés et les hautes herbes, silencieux, tendus. Lammerding passait. "Quelle heure est-il ? lui lançai-je. — Trois heures trente-neuf, répondit-il. Dans vingt et une minutes nous y sommes. — Veille à ce qu'ils ne te ramènent pas sur une civière ! — T'en fais pas." »

Haape, un des meilleurs témoins de cette campagne et qui, à la fin de celle-ci, sera le médecin militaire allemand le plus hautement décoré (ayant détruit, entre autres, de sa main, deux chars russes T 34 en défendant ses blessés), a merveilleusement décrit cet assaut dans ses Mémoires, assaut dont les assaillants croyaient qu'il serait le dernier avant la prise de Moscou et la fin de l'épreuve. Le feu de l'artillerie d'abord, le feu méthodique et dévastateur, qui dura une heure, feu auquel participèrent des centaines de canons de calibre 88, 100, 150, 210, et 250, la fine fleur des aciéries Krupp, feu qui raya le village de Gomel de la terre, qui ne laissa aucune chance à ses habitants, qui faisait courir fous et dans tous les sens ceux qui croyaient pouvoir se sauver, qui étouffait les cris des mourants et faisait fermer les yeux au bon Dieu, mais feu qui était observé, les yeux grands ouverts et avec un mélange d'effroi et de ravissement, par ceux auxquels il profiterait, les fantassins des régiments de la 6e division, du 18e, du 37e et du 58e, ces fantassins qui attendaient leur heure qui n'allait pas tarder à arriver. Ensuite l'attaque fut rapide et dure à ses débuts, mais devint incroyablement facile comme si l'on entrait dans du beurre parce que toute vie était éteinte de l'autre côté, après ce déluge d'acier qui s'était abattu sur cette terre. La poursuite, après, sur des monceaux de cadavres de soldats de l'Armée rouge, mais l'objectif nº 3 était atteint dans les limites imposées.

Aussi surprenant que cela puisse paraître, cette attaque tant redoutée de la ligne Staline s'est faite presque comme une promenade infiniment moins coûteuse que prévue. Écoutons ce qu'un soldat inconnu de la 10e compagnie a confié au journal de marche de son bataillon, après la bataille.

« Dans un grand calme, les hommes se lèvent et avancent, traversent en courant le village détruit, descendent vers la rivière et le pont lui aussi détruit, sous le feu nourri des occupants des blockhaus qui ont survécu au feu de l'artillerie. Nous avons des blessés. Mais Schnitger, notre Feldwebel, est formidable. Il attaque le blockhaus 4 qui tire encore, avec une poignée de pionniers, et fait sauter la porte d'acier à l'explosif. Une immense déflagration. Les Russes se rendent. Nos pionniers ont jeté des poutres et des planches sur les pylônes du pont de bois qui sont restés debout, et maintenant, nos groupes d'assaut passent de l'autre côté et soutiennent Schnitger et ses hommes, dans un vacarme incroyable. Quelques prisonniers, totalement hébétés. Des morts partout. Je vois un drapeau de la Croix-Rouge, au bord d'un immense entonnoir fait par un de nos obus 210. Au fond du trou, j'aperçois notre docteur en train de faire une transfusion à un gars mochement blessé. Il prend directement le sang chez mon copain Hans, un fermier de Wehrden. Cela ne m'étonne pas, ce type a des veines comme un cheval. Et au milieu de ce travail, il y a cette déflagration formidable de la bombe de Schnitger qui nous jette tous par terre. Avant que je me relève, je vois Stolze, mon chef, arriver au bord du trou. Il saigne du bras droit et demande au toubib de lui faire un pansement. Je me précipite pour rejoindre les copains qui sont déjà de l'autre côté de l'eau... »

Dans le compte rendu de la division, sur cette bataille nous lisons : « L'attaque fut menée avec succès et avec des pertes plutôt insignifiantes. Il est incompréhensible que l'adversaire ait occupé une telle position fortifiée avec des forces aussi faibles, son artillerie étant pratiquement inexistante, notre propre artillerie opérant par contre avec une remarquable efficacité. Le combat fut essentiellement dû à l'élan de notre infanterie qui, soutenue par des pionniers aux lance-flammes, a délogé de ses positions, avec bravoure, un ennemi démoralisé et fait beaucoup de prisonniers. Au cours de l'attaque nos hommes ont pris 15 blockhaus à l'ennemi... »

Le lendemain, 16 juillet, les hommes de Boeselager, commandant du détachement avant de la division, atteignirent le pont détruit, sur la Dvina à Karpinitchi, traversèrent le fleuve large de cent cinquante mètres sur leurs canots pneumatiques et établirent comme prescrit une tête de pont sur la rive orientale. Le premier homme à mettre le pied à terre fut l'Oberleutnant Rhein, à la tête de sa 5e compagnie. Le 17, le génie jeta un pont flottant sur le fleuve, les restes du 18e gagnèrent l'autre rive le 18. La route de Moscou était ouverte. Les fanfares de victoire remplissaient les oreilles des soldats fatigués, mais heureux. Autour d'eux, derrière eux, entre Minsk, la capitale de la Biélorussie et Smolensk, la fière porte d'entrée de la route vers Moscou, ce qui devrait être une des plus grandes batailles de la campagne s'était terminée par la déroute de l'Armée rouge. Quatre armées étaient détruites. Plus de trois cent mille hommes étaient faits prisonniers. Le nombre de chars ennemis détruits atteignait le chiffre de douze cent cinquante, celui des avions et des canons n'en n'était pas loin. « Les pertes en vies humaines sont immenses », ajoutait le bulletin du haut commandement. Au nord, les premiers éléments de la Wehrmacht avaient atteint les faubourgs de Leningrad. Au sud, le Dniepr atteint aussi, Kiev menacée : Staline était-il fini ?

Le régiment du colonel Becker fit encore un peu mouvement, après deux copieuses journées de repos sur les rives de la Dvina, pour tout le monde. Enfin, on avait fait la liaison avec les camarades des Panzer. On se baignait dans les eaux du fleuve, hommes, chevaux et chars mélangés. On marchait encore un peu, mais pas beaucoup : dix, quinze, vingt kilomètres par jour. On se mettait quelques villes et bourgs sous la dent : Obolj-Szirotino le 19, Gorodok, le 20, Markovitchi le 21, on y prenait encore une journée de repos, puis on traversait Ostrovskie, Drosdy et Wassikino pour arriver le 27 dans la charmante petite ville de Petroschata, sur la rive orientale de la Jelscha, un petit fleuve tranquille qui coule, comme tous les cours d'eau dans le coin, du sud au nord, vers la lointaine Baltique. « À Petroschata, note le journal de marche du régiment, on établit *eine schöne Biwak-Unterkunft* », un beau bivouac qui fit, dit-on encore, « surtout grand bien à nos chevaux ».

Les soldats ne s'en plaignaient pas, loin de là, mais ils s'étonnaient tout de même de ce ralentissement, après des semaines d'une avance folle, de cet arrêt total de tout mouvement. Que se passait-il ? se demandaient les officiers entre eux. « Corle » Becker, lui-même, le « père » du régiment, n'en savait rien. Ce que les hommes du 18e ne pouvaient savoir, c'est que Hitler, le commandant suprême de la Wehrmacht et bientôt même commandant en chef de toute l'armée de terre, avait pris une décision d'une dimension historique, qui lui coûterait probablement la victoire et toute la guerre, une décision prise contre l'avis de la majorité de ses généraux, notamment contre celui du général Guderian, créateur de la Panzerwaffe et commandant du groupement blindé n° 2 qui, lui, se battait comme un diable en faveur de la poursuite de l'avance sur Moscou, « centre nerveux et cœur politique de l'Union soviétique ». Mais le Führer qui avait beaucoup lu sur la Russie avait une vision globale du conflit. La guerre, selon lui, devait d'abord être gagnée sur le plan économique, et cela voulait dire que la conquête de l'Ukraine, avec ses immenses réserves de blé et de matières premières, primait tout. Or, une armée soviétique entière, sous le commandement du maréchal cosaque Boudionni, se tenait sur la rive gauche du Dniepr et menaçait le flanc droit du groupe d'armées centre du maréchal von Bock.

Hitler imposa donc sa décision, arrêta le groupe centre et ordonna à Guderian de diriger ses chars vers le sud pour y joindre les blindés du groupe d'armées sud et détruire les troupes de Boudionni. Le mouvement fut accompli et mena à une autre immense victoire : la bataille de Kiev avec plus de six cent mille prisonniers et un butin formidable sur le coup. Les faits avaient donné, une fois de plus, raison au Führer, et ses généraux, Guderian en tête, avaient bonne mine, mais le futur échec devant Moscou n'est-il pas dû à cette grande victoire ?

Pour les fantassins de Becker dans leur « beau bivouac » sur les rives de la Jelscha, l'écho de la lointaine bataille au sud mit un certain temps à leur parvenir. Ils continuaient à se poser des questions sur les raisons de leur « dolce far-niente » et profitaient de ce loisir pour écrire à leurs parents. Le caporal-chef Hermann Matthias de la 3e compagnie se laissait aller à un peu de philosophie sur le pays conquis. « La Russie est un pays fertile qui pourrait prétendre à une certaine grandeur, mais avec les méthodes communistes il n'en n'est rien. Le blé est vigoureux, les pommes de terre superbes. La culture maraîchère par contre ne semble pas les intéresser. La richesse en bois est impressionnante. Tout cela nous est très utile, ainsi que l'élevage. Car cette campagne a aussi des raisons économiques, à savoir, nous procurer tout ce dont nous aurons besoin pour battre l'Angleterre et aussi l'Amérique dont je suis convaincu qu'elle entrera sous peu en guerre contre nous... La campagne ici, à l'est, va certainement durer encore un peu. On nous dit que nos chars ont déjà atteint la ligne de fortification de Moscou. Mais après Moscou ? C'est là où la Russie ne fait vraiment que commencer. Combien de temps les Russes seront-ils capables de se défendre contre nous ? »

Premiers doutes donc chez ces braves bougres du 18e régiment d'infanterie allemand, en ce début d'automne russe, doux, généreux et coloré. Doutes sur la longueur de la route, la durée de la guerre, la capacité de résistance de l'ennemi et les véritables intentions du chef suprême. Doutes surtout chez les officiers en ce qui concernait ce dernier point. Le livre de souvenirs du régiment, publié en

1993 par l'ex-commandant Ernst-Martin Rhein, devenu après la guerre le porte-parole de l'industrie mécanique ouest-allemande, relate une discussion, qui se déroula pendant la grande pause de deux mois que leur imposa leur Führer, entre Georg von Boeselager, chef d'un escadron de reconnaissance de la 6e division, Franz-Joseph von Kageneck, commandant de la 12e compagnie du 18e, et Heinrich Haape, l'incontournable et débonnaire toubib du 3e bataillon. Cette discussion portait justement sur le Führer, et n'a évidemment pas trouvé place dans les annales du régiment tenues pendant la campagne.

Boeselager, le baron rhénan décoré de la Ritterkreuz, descendant d'une illustre famille catholique des environs de Bonn, élève des jésuites, laissa éclater sa rage contre l'homme qui dirigeait le pays. Il venait de perdre son frère aîné, Antoine, quelques jours auparavant, pendant une terrible attaque surprise des cosaques, ces attaques qui se faisaient de plus en plus nombreuses au-devant du front, venant des immenses forêts à l'est.

— Ce parvenu mégalomane, tonnait-il, ce politicien de bas-fonds. Pourquoi ne se retire-t-il pas de cette guerre et ne laisse-t-il pas ses généraux penser à sa place ?

— Parce qu'il a des idées justes, répondit doucement Kageneck.

Les deux officiers avaient fait ensemble leurs études au collège des jésuites de Bonn avant la guerre et étaient devenus d'inséparables amis.

— Nous ne pouvons pas nous permettre plus longtemps d'accepter ses projets, disait Boeselager. Et encore moins de les prendre pour des blagues. Les nationaux-socialistes sont en train de détruire le cœur de la vraie Allemagne. Dès que cette guerre sera terminée, il faudra que des gens comme nous fassent quelque chose.

— Et qui t'y aidera ? demanda son ami.

— La plupart des généraux. De leurs conversations sortiront un jour des actions, surtout après les premiers revers...

— Mais des généraux ne sont pas des armées, interrompit Kageneck. Tu sais très bien que la grande majorité des jeunes officiers qui arrivent dans nos unités sont des nationaux-socialistes enthousiastes.

— Et que pensez-vous de nos hommes ? interjetait Haape. Regardez-les. Ils sont ravis d'avoir un peu de repos, d'avoir trois repas par jour et une place où mettre leur tête. Ils ont un peu rouspété lorsque nous avons arrêté notre marche, mais maintenant ils seraient ravis s'ils pouvaient se vautrer dans l'herbe tout au long de la guerre au bord du lac Schtschutsche et laisser le bon Dieu penser pour eux. Et puis, la majorité d'entre eux s'en fout de savoir s'ils se battent pour l'Allemagne de Hitler ou pour notre Allemagne à nous. »

Et Boeselager, après une réflexion amère conclut :

— Hitler ou pas Hitler, nous nous battons tous avec la dernière énergie, n'est-ce pas ? Parce qu'il n'y a pas d'autre solution. Une défaite de notre patrie serait terrible. L'Allemagne ne peut tout simplement pas se permettre de perdre cette guerre.

Boeselager fut, trois ans plus tard, parmi ceux qui tentèrent de mettre la main sur leur chef suprême. Dans le plan des putschistes de juillet 1944, il était prévu qu'il prendrait le grand quartier général du Führer près de Rastenburg en Prusse-Orientale, avec deux de ses escadrons. L'entreprise avorta, suite à la survie miraculeuse d'Hitler après l'attentat de Stauffenberg. Boeselager réussit à ramener ses hommes dans leurs positions au front sans que personne ne s'aperçût de leur absence. Il put ainsi échapper à la grande rafle qui frappa le corps des officiers après l'échec du putsch. Mais il trouva la mort quelques semaines plus tard, à la tête de sa brigade de cavalerie, lors d'une contre-attaque contre des blindés russes. Des témoins de sa mort ont prétendu plus tard qu'il avait cherché cette issue, bravant d'une folle façon le feu ennemi. Georg von Boeselager fut décoré de la croix de chevalier de la croix de fer avec feuilles de chêne et glaives, la deuxième plus haute distinction dans la Wehrmacht.

Revenons à nos hommes du 18ᵉ. Le « repos » sur la Jelscha ne fut pas du tout une sinécure comme on pouvait le penser à la lecture des lettres de soldats. Le régiment avait à défendre un secteur large de vingt-cinq kilomètres, un homme ou un groupe d'hommes tous les quatre cents mètres, dans un terrain fait de marécages, de forêts impénétrables et de vastes champs de tournesols, exposés aux incessantes attaques de la cavalerie ennemie dont les éléments les plus habiles, mais aussi les plus farouches, furent les cosaques qui ne ménageaient jamais leurs victimes et ne leur accordaient aucun pardon, mais les massacraient plutôt à la manière de leurs ancêtres les Mongols (têtes ou organes génitaux coupés, membres tranchés au sabre). Les hommes du régiment subirent des pertes sensibles. Ils ne se sentaient jamais en sécurité, ni à l'avant, ni à l'arrière où, souvent, les hommes chargés du ravitaillement tombaient, la nuit, entre les mains des cosaques ou des partisans. Le capitaine Bickmann, commandant du 1er bataillon, et le lieutenant Wasmuht, trouvèrent ainsi la mort, le premier pendant une inspection des positions de ses hommes, le second lors d'une attaque surprise de deux escadrons ennemis. La guerre avait changé. Elle avait atteint un degré supérieur d'inhumanité. « Lors d'un rapport auprès de l'Oberfeldarzt Dr Greif, le médecin divisionnaire, je m'aperçus qu'il ne portait plus le brassard de la Croix-Rouge réglementaire pour tout le personnel de santé de la division. Il l'avait, comme nous tous, depuis longtemps déjà, ôté, sans doute parce qu'il avait réalisé que ce brassard était devenu superflu, les Russes ne respectant pas, quoi qu'il arrivât, les conventions de Genève », note Haape dans son Journal.

3

L'arrêt imposé par Hitler et interrompu brutalement par des incursions cosaques dura exactement deux mois et deux jours. Vers la fin, il était devenu plutôt un cauchemar. Les fantassins du 18e, comme leurs camarades des autres régiments de la 6e division, s'étaient transformés en renards, vivant, comme leurs pères l'avaient fait un quart de siècle plus tôt, sous la terre ; la guerre s'était figée, donnant un avant-goût de ce qu'elle deviendrait si tout mouvement allait cesser. Horreur !

Et la Russie, cette grande dame aux vastes jupons et à la poitrine généreuse, cette vieille mère qui en avait vu tant d'autres, avait commencé à montrer le bout de son nez. Fini les beaux jours d'été. Dès la mi-septembre, il s'était mis à pleuvoir, une pluie fine mais tenace, plongeant le pays, au bout de quelques heures, en une immense étendue de boue. Remplissant, petit à petit, jour après jour, nuit après nuit, les tranchées et les abris, transformant les pauvres chemins de terre, de sable et de marais, en un parcours infernal.

Plus aucun moyen de se tenir, aucune terre dure où la roue puisse enfin rouler, aucune paroi, aucun bord à quoi s'agripper. La botte ne trouvait plus sur quoi s'appuyer, elle restait, brusquement, prisonnière de la terre. Les chevaux, les pauvres chevaux, étaient à bout, et on ne pouvait même plus leur venir en aide, comme en été, pour leur permettre de sortir le chariot d'un trou, en s'accrochant aux rayons. Ils n'en pouvaient plus et les hommes non plus. Comment faire pour que la soupe arrivât aux copains de devant ? Tant pis, on allait la leur porter dans des bouteillons, en glissant à chaque pas dans la boue. Et les caisses de munitions ? Et les armes, les armes lourdes tractées ?

On essaya de réquisitionner des tracteurs, dans les kolkhozes, mais ils manquaient de tout, de diesel, de « naphta » comme disaient les Russes. On se débrouilla avec les « Paniei », les petits chevaux de la steppe dont on se servait déjà depuis la Pologne. On prit des prisonniers pour porter les charges. Et on implora le ciel pour que cela cessât de devoir dormir dans l'eau, les vêtements éternellement mouillés et froids, dans les bottes qu'on n'osait plus retirer la nuit, pour deux raisons : risquer de ne plus pouvoir les remettre le lendemain, et être prêts à la contre-attaque au cas où l'« Ivan » tenterait un de ses raids rapides, toujours menaçants.

La soupe ne vint plus qu'une ou deux fois par semaine. On mangeait froid. Saucisson, pain, du lard de temps en temps, quelques œufs trouvés par-ci, par-là, hâtivement cuits sur un feu de fortune. Le courrier n'arrivait plus. Les cigarettes se faisaient rares. Quelle merde, cette vie ! Quelle merde ce pays ! Quelle merde cette guerre qui avait tout d'un coup l'air de s'éterniser !

À quoi pensait-il le troufion allemand de l'automne 1941 quand il n'avait pas le doigt sur la détente ? Il pensait à son Führer qui ne se trompait jamais et qui allait l'en sortir un jour. Il pensait à ses chéries, si loin, là-bas, dans un pays civilisé. Il pensait à Marika Rœck, la belle Hongroise qu'il avait vue au cinéma lors de sa dernière permission. À Zarah Leander, la voluptueuse cantatrice suédoise à la voix chaude et envoûtante dont il sifflotait les refrains. Il pensait à Ilse Werner, la belle actrice de cinéma, amie de Goebbels et fiancée à Werner Mölders, le héros aux cent quinze victoires aériennes. Et il écoutait religieusement tous les soirs à 10 heures, à la fin du bulletin de Radio Belgrade, le Soldatensender, l'émetteur des soldats, une chanson qui lui allait aux tripes, qui le faisait presque pleurer, qui devenait un besoin, au même titre que le pain quotidien : la « Lily Marlène » chantée par Lale Anderson, la petite-fille inconnue d'un capitaine au long cours du Holstein. C'était la promesse du retour, du retour au pays, la promesse que tout finirait bien en fin de compte.

Et pourquoi cela ne finirait-il pas bien ? se disaient-ils. Tu as vu comment nous l'avons chassé, le Russe ? Comment nos Panzer les ont cueillis dans les chaudrons coulés par eux, par centaines de mille ? Comment ils se sont rendus, démoralisés ? Bon, cela allait mal pour le moment, avec ce foutu temps. Mais cela ne durerait pas éternellement, et on reprendrait la route un jour, la route de Moscou.

Et puis l'Allemagne n'était pas seule. Non seulement elle occupait l'Europe entière, des Pyrénées aux fjords de Norvège, mais tous ces pays lui fournissaient leurs matières premières. Ils lui fournissaient aussi leurs hommes qui devenaient nos camarades dans cette croisade, des Italiens, des Hongrois, des Roumains, des gens de l'ouest de l'Europe, Français, Belges, Hollandais, souvent sous l'uniforme SS. Tout cela formait une nouvelle Grande Armée, bien plus puissante que celle du Corse, cent trente ans auparavant, et ce serait vraiment diabolique si nous ne pouvions pas nous en sortir victorieusement.

Avant que le régiment 18 ne reprît son mouvement vers l'est en se glissant dans la reprise de la grande offensive sur Moscou, le 2 octobre, il lui fut encore donné l'occasion d'accomplir un spectaculaire fait d'armes. L'exécution en était confiée une fois de plus au grand baroudeur du régiment, l'Oberleutnant Rhein, et sa 5e compagnie.

À six kilomètres devant les positions de la 6e division coulait la Mescha, un petit fleuve tranquille bordé de forêts profondes. Un seul pont dans le secteur, mais un pont important pour une éventuelle attaque de l'adversaire qui ne cessait de renforcer ses effectifs sur la rive orientale du cours d'eau.

Quatre trains blindés russes avaient été repérés par l'aviation de reconnaissance un peu au nord-est, ils attendaient leur ordre de marche. En faisant sauter le pont on retarderait sensiblement tout éventuel mouvement d'offensive et on couperait en même temps le ravitaillement des éléments avancés qui se trouvaient de ce côté-ci du fleuve.

Rhein et ses hommes s'étaient donc chargés de la

besogne. Ils devaient d'abord avancer vers le fleuve, de nuit et s'installer ensuite dans une position cachée, complètement invisible de l'adversaire, dans les taillis et les futaies qui longeaient la rive à quelques centaines de mètres de l'objectif, et y rester en observation, signalant par radio à la division tout mouvement ennemi. Procéder ensuite, au moment jugé le plus opportun par le chef du détachement, à la destruction du pont. Or, ils allaient y rester deux semaines !

— C'était très dur, nous a raconté Rhein après la guerre. Très dur pour les nerfs de mes soldats. Imaginez cent hommes obligés de se taire, complètement, pendant quatorze jours. Aucun mot, aucun mouvement, aucun ravitaillement sauf les rations portées par chaque homme. Des patrouilles la nuit dans les environs pour ne pas se faire surprendre. Six kilomètres entre nous et la première ligne de nos camarades. Aucune chance de survie en cas d'attaque ennemie. Et l'attente, la terrible attente de l'ordre de nos supérieurs de détruire le pont.

L'ordre arriva au bout de la deuxième semaine de leur « Schweigestellung », leur position silencieuse. Rhein, soutenu par le sergent Dalldorf, le sous-officier Schreyer et le caporal Leitmann, tous les trois détachés de la 1re compagnie du 6e bataillon de génie de la division, prirent le pont et s'attachèrent à le détruire comme on le leur avait demandé.

Ils durent s'y prendre à quatre fois, après avoir d'abord neutralisé les sentinelles russes, complètement surprises. Deux fois les mèches posées par les pionniers pour faire sauter les explosifs, savamment disposés sous les piles du pont, ne firent pas leur besogne. Une troisième fois, Rhein et Schreyer, maintenant sous le feu nourri de l'adversaire en alerte, rejoignirent le pont et tentèrent en vain de faire sauter les explosifs à l'aide d'une grenade à main.

Entre-temps, la nuit était tombée et l'artillerie russe arrosait le pont et ses environs de ses obus. Deux bombardiers de nuit russes firent leur apparition au-dessus du pont et lancèrent des bombes incendiaires, qui mirent le feu aux herbes desséchées qui bordaient les rives des deux côtés du fleuve, mais le pont était toujours debout.

Dans la chaleur et la fumée des incendies, sous le feu des artilleurs et mitrailleuses russes, et contre l'avis du lieutenant Hohmann qui commandait les pionniers et recommandait l'abandon de la tentative, Rhein et son brave sous-off Schreyer retournèrent une quatrième fois sur cette structure maudite. Cette fois, Rhein prit son mouchoir en guise de ficelle et fixa une nouvelle grenade à main au système central de la mise à feu.

— Nous nous précipitâmes vers le bout du pont, raconte Rhein. Et nous ne l'avions pas encore atteint lorsqu'une gigantesque déflagration nous jeta par terre. Cette fois-ci, nous avions réussi. Sous une pluie de débris, nous sautâmes sur la rive salvatrice. Je rassemblai en toute hâte mes hommes autour de moi, et pendant la nuit nous rejoignions, un à un, nos camarades sur la ligne principale de défense.

La reconnaissance aérienne apporta le lendemain la preuve photographique que le pont avait été totalement détruit et rendu inutilisable même pour les fantassins ennemis. Le fait d'armes des hommes de Rhein avait une signification stratégique : il coupait le ravitaillement de toute une armée russe en action plus au sud. Corle Becker proposa Rhein pour la croix de chevalier. La division et le corps d'armée donnèrent un avis favorable. Mais Becker et Rhein attendirent longtemps la réponse du grand quartier général du Führer, seul habilité à attribuer cette haute distinction. La réponse fut finalement négative. Rhein n'aurait, paraît-il, fait que son devoir et exécuté un ordre, était-il dit.

Ce n'est seulement que quatre mois plus tard, à la veille de Noël, et dans la neige, que Corle Becker, le père du régiment, put attacher la croix de fer « grande taille » au cou de son jeune chef de compagnie. Cette fois, enfin, ce fils d'un industriel rhénan et neveu d'un amiral avait rempli les conditions imposées par le chef suprême. Il avait pris, sans attendre l'ordre du régiment, deux villages à l'ennemi, qui menaçaient le flanc gauche de l'avance de la division vers Kalinine, au nord-ouest de Moscou, sans perdre un seul de ses soldats.

— Nous étions seulement tous mouillés parce que nous avions dû traverser deux rivières, nous raconta Rhein après la guerre...

Le 2 octobre 1941, donc, le groupe d'armées centre reprit son mouvement vers Moscou. Dans le sud, les camarades du groupe d'armées du Generaloberst von Rundstedt avaient fait du bon travail. Entre Kiev et Romny, 300 kilomètres plus à l'est, ils avaient détruit quatre armées ennemies et remporté ainsi la plus grande bataille des temps modernes. 665 000 prisonniers, 884 chars, 3 718 canons, tels étaient les chiffres officiels du haut commandement de la Wehrmacht dont le bulletin se terminait par ces mots : « Il a été ainsi obtenu une victoire comme l'Histoire n'en a jamais vue jusqu'à présent. »

Et Adolf Hitler prit dans la foulée sa plus belle plume et adressa une lettre personnelle à ses chers soldats du front de l'Est.

« Soldats du front de l'Est : depuis que je vous ai ordonné le 22 juin dernier d'endiguer le terrifiant danger qui pesait sur notre patrie, vous avez eu à vous confronter à la plus grande puissance militaire du monde. Comme nous le savons aujourd'hui, il était dans l'intention de l'Union soviétique d'envahir, non seulement l'Allemagne, mais l'Europe de l'Ouest tout entière...

« Mes camarades ! Grâce à votre bravoure nous avons pu détruire en seulement trois mois plus de 175 000 chars ennemis... et faire 2 400 000 prisonniers. Et maintenant, mes camarades, nous nous trouvons au seuil de la dernière grande bataille décisive de l'année, la bataille pour Moscou... »

« Ces succès furent pour nos soldats tout simplement incompréhensibles, note le journal du 18e régiment. Ils renforçaient en eux la foi en la victoire finale et leur confiance en leur commandement militaire... »

L'Obergefreite (caporal-chef) August Matthias de la 6e compagnie exprimait un sentiment plus nuancé dans cette symphonie euphorique. Dans une lettre du 29 septembre, à quelques jours de la nouvelle offensive vers l'est, il écrivait à ses parents : « Le ravitaillement n'arrive que de façon irrégulière et nous avons souvent faim et soif, ce qui rend la vie, ici, dans la tranchée, désagréable... Avant-hier, j'ai eu la chance de passer une journée entière chez les camarades du train, j'ai pu me laver entièrement, changer de linge et me remplir le ventre avec des patates sautées, du pain et de la soupe de tapioca. Quelle fête ! Plus jamais je ne me plaindrai de la nourriture et ne laisserai plus jamais percer mon mécontentement, ça je me le suis juré. Chaque fois que j'en trouve, je mange beaucoup d'oignons mélangés au pain. À quel point sommes-nous donc devenus modestes. Mais que dites-vous de nos succès en Ukraine ? On dit que Pétersbourg est sur le point de tomber. Là où je vois du noir c'est l'hiver que nous avons devant nous... »

Doutes donc, mêlés à un sentiment de satisfaction et de fierté devant le succès des armes allemandes — c'était à coup sûr le sentiment largement répandu chez les soldats du front de l'Est en ce début de la bataille pour Moscou. Une bataille dont ils sentaient qu'elle serait infiniment plus difficile à gagner maintenant, après avoir perdu huit précieuses semaines à faire du surplace. Ils savaient que le Russe avait eu le temps de fortifier ses positions devant la capitale, de renforcer ses effectifs en réserves visiblement inépuisables. Chaque officier et chaque homme le savaient. Mais, se disaient-ils, on les avait eus tout de même chaque fois qu'ils avaient tenté de résister, et pourquoi, cette fois-ci, la fortune ne sourirait-elle pas une fois de plus aux drapeaux à la croix gammée ?

Comme toujours, la nouvelle danse macabre commença aux aurores, à 4 h 30, avec la valse de l'artillerie. Quatre-vingt-dix minutes auparavant, les hommes du 18e s'étaient rassemblés sur leurs positions de départ. Haape, toujours « toubib » du 3e bataillon, observait, une fois de plus, le déroulement de la boucherie. « Fumée de poudre se mêlant aux brumes de la matinée qui couvraient la terre comme un linceul d'un blanc sale et triste. Le terrain plat devant nous avait l'air désolant et inhospitalier, un endroit sentant la mort et les morts. Éclairs d'explosion des obus ennemis... » Haape était triste. Quelques jours auparavant, il avait perdu deux de ses meilleurs camarades, les sous-offs Dehorn et Wegener, décapités tous les deux par un shrapnel russe, au moment où ils s'occupaient de camarades blessés. Le sous-officier médical Tulpin et Kunzle, un

Sibérien d'origine allemande, dont les arrière-grands-parents étaient venus s'installer sur la Volga au temps de la Grande Catherine et qui avait été fait prisonnier sur la Mescha, les remplacèrent.

Le 18e régiment d'infanterie avait changé d'affectation. Il faisait désormais partie, avec un détachement de l'artillerie divisionnaire, de la 1re division blindée. Celle-ci formait l'aile gauche de la 9e armée du Generaloberst Strauss dont la tâche consistait à prendre le chemin de fer Viasma-Rjev, d'y joindre le groupement blindé 2 et d'encercler les forces ennemies entre Smolensk et Moscou, avant de continuer sa marche vers la capitale soviétique.

Le régiment de Corle Becker avait le plus dur travail à accomplir : traverser l'Ossotnia, un vaste marais de douze kilomètres de largeur, dont le centre le plus marécageux était surplombé par un pont de fortune de trois kilomètres de long construit par les Russes, avec le bois de tous les villages détruits aux alentours.

Il allait falloir un courage monstre pour grimper sur cet édifice, visible à des kilomètres à la ronde, sous le feu de l'ennemi et avec la grande probabilité de tomber irrémédiablement dans la vase.

La troupe de Becker avait été généreusement renforcée pour qu'elle pût accomplir son boulot : un bataillon de fusiliers motocyclistes et un autre bataillon de Panzergrenadiers, tous deux de la 1re division blindée, rompus au combat depuis le premier jour de la campagne Barbarossa, des durs à cuire, et, surtout, cent dix bouches de canon pour la préparation de la fête, parmi elles vingt-cinq pièces des redoutables « Nebelwerfer » de calibre 320. Cette nouvelle « arme secrète » allemande était un projectile diabolique qui tirait à quelque huit kilomètres seulement, mais tuait toute vie humaine à trois cents mètres à la ronde en absorbant, dans sa terrible déflagration, l'oxygène de l'air, étouffant ainsi les victimes. Les soldats allemands qui entendaient pour la première fois le départ de ces fusées sans être prévenus se jetaient par terre de peur tellement ce bruit était inhabituel. Ils trouvèrent vite un nom pour ce monstre : « Stuka à pied ».

Pour sa part, le Stuka, le bon vieux bombardier en piqué

des années 39 et 40, était toujours là, avec ses sirènes qui glaçaient le sang des moujiks et ses bombes de cinq cents kilos qui faisaient mouche, mais avec lui il y avait le nouveau bombardier de bataille Henschel 123, tellement bardé de canons et de mitrailleuses qu'il se cabrait si le pilote les déclenchait tous à la fois. « La Luftwaffe soutenait avec de fortes unités de bombardiers et de chasseurs-bombardiers, la préparation d'artillerie », note le journal du régiment à la date du 2 octobre 1941.

Et, une fois de plus, les forces russes n'arrivaient pas à contenir cette nouvelle attaque allemande. Voici comment le journal du régiment 18 résume les combats de ce jour : « 03 h 00 : les unités finissent leur prise de position. 06 h 00 : coup de feu artillerie et Luftwaffe. 06 h 20 : 1er bataillon a atteint la cote 220 à 1 km sud-ouest de Shidki. 12 h 00 : 3e bataillon, attaquant sur la droite du dispositif, a pris la cote 215 à 1 km sud de Erchovo. 2e bataillon, sur la gauche, tombe sur une résistance soutenue de l'ennemi. Commandant de bataillon capitaine Höke réussit néanmoins à profiter de l'inattention de l'ennemi détourné par attaque des 6e et 7e compagnies, à passer et à atteindre avec 8e compagnie, à 10 h 30, le marais Ossotnia. Ces groupes de combat rapproché gagnent le pont de bois au sud-ouest de Ierennaïa, le traversent et atteignent les premiers l'objectif nº 1 du régiment sur la cote 225 au nord-ouest de Storoshok. »

Le plus redoutable obstacle donc, le pont de bois surplombant le marécage mortel, avait été pris dans un grand élan. Rien n'avait manqué aux hommes de Hoeke, ni le courage, ni l'expérience, ni le défi à la mort, ni la foi en la victoire. Leurs camarades des autres compagnies n'avaient pas eu la même chance. Ils avaient été violemment pris à partie par un adversaire résolu dès le début de leur assaut, dans un terrain difficile couvert de buissons. Des tireurs d'élite russes leur avaient infligé de lourdes pertes, l'artillerie adverse avait fait des ravages dans le peloton du lieutenant Focken. Lui et son ami le lieutenant Spaethe, de la même 6e compagnie, tombèrent à dix mètres l'un de l'autre, ainsi que les deux sergents-chefs Wallmeier et Zesniak. À la fin de la journée du 2 octobre 1941, le bilan du régiment de Corle Becker était lourd : trois officiers et quarante sous-officiers et soldats tués, huit officiers et cent dix-sept sous-officiers et soldats blessés. L'effectif de deux compagnies étaient hors de combat. Mais les objectifs avaient été atteints dans les limites de temps imposées, la route pour les Panzer de la 1re DB était libre. Les hommes du 18e avaient fait une nouvelle expérience : le Russe avait eu tout le temps de se préparer à la défense, et il s'était révélé, une fois de plus, mais plus qu'auparavant, maître du camouflage et de l'exploitation du terrain. Focken et ses hommes avaient été incapables de déceler les tireurs ennemis à une distance de vingt mètres tant ils s'étaient confondus avec leur environnement fait d'arbustes, d'herbages et de mottes de terre. Selon une méthode éprouvée, ils s'étaient fait dépasser par les attaquants en restant immobiles et avaient ouvert le feu dans leur dos. D'où les pertes sensibles.

Le médecin militaire de réserve Heinrich Haape, fiancé à une chanteuse d'opéra tchèque, avait eu de la chance ce jour-là. D'abord, la rencontre avec le cadavre d'un tireur d'élite russe, assis contre un arbre et mort depuis un mois au moins, complètement desséché par le soleil de septembre, qui lui avait fait une sacrée peur. Ensuite, la course à pied derrière les hommes de son 3e bataillon qui attaquaient sur l'aile droite du régiment, et le début du tir de barrage de l'artillerie russe, auquel il resta exposé, collé à la pauvre terre, pendant vingt interminables minutes, miraculeusement épargné par les obus qui pleuvaient autour de lui. Il avait dû sa survie à la mort de son brave caporal médical Schepanski, fils d'un mineur polonais de la Ruhr, qui avait remplacé depuis huit jours seulement son aide médical Petermann, le paysan bègue des rives de la Weser, tué par les cosaques sur la Mescha. Schepanski se trouvait à six pas de Haape, essayant désespérément de creuser, comme lui, un trou, avec ses mains pour trouver un abri. Haape avait entendu une explosion tout près de lui qui l'avait soufflé et plaqué au sol. Lorsqu'il avait ouvert les yeux pour chercher son caporal, celui-ci n'était plus là. Schepanski avait tout simplement disparu de la terre, frappé de plein fouet par l'obus ennemi. Mais l'entonnoir fait par le projectile avait servi d'abri au médecin jusqu'à la fin de l'orage d'acier. « Tout ce qui restait de Schepanski furent quelques morceaux d'uniforme et la moitié de sa trousse médicale, au fond du trou. » C'est bizarre, écrit le médecin dans ses Mémoires, je ne ressentis aucun regret et presque pas de tristesse. Schepanski avait simplement manqué de chance, le tout était un incident. Sans doute m'était-il moins proche que Dehorn ou Wegener ne l'avaient été. Et puis j'étais quand même content de ne pas m'être trouvé à sa place pour être transformé en bouillie. »

Parmi les officiers blessés se trouvèrent Stolze, le chef de la 10e compagnie et Hillemanns, le joyeux aide de camp du commandant du bataillon, Neuhoff. Hillemanns avait reçu une balle dans le bras droit, mais Stolze était salement abîmé après avoir marché sur une mine russe. Haape l'avait trouvé dans les ruines d'une isba, la jambe droite à moitié déchiquetée par un éclat de l'engin.

— Fais-moi un pansement et une piqûre de morphine et ramène-moi à ma compagnie, avait-il jeté, la mine ravagée par la douleur, à son ami médecin.

— Écoute-moi, mon vieux, je vais te panser et de faire ta piqûre, et trois heures plus tard, tu vas avoir un pied comme un éléphant et hurler de douleur ; tes hommes t'emmèneront en ambulance à l'arrière.

Stolze s'était résigné, mais six semaines plus tard, il était de retour au régiment, claudicant mais heureux, pour se faire tuer quelques jours plus tard dans les neiges de la Volga supérieure. Lammerding prit le poste d'aide de camp auprès de Neuhoff, et Bolski, qui s'était distingué lors des combats du 2 octobre en prenant seul une tranchée ennemie et faisant vingt prisonniers, remplaça Stolze à la tête de la 10e compagnie.

Les hommes du 18e avaient donc été une fois de plus fidèles à la fière devise de leur régiment, « aucun régiment ne doit être meilleur », devise attribuée à leur unité en 1935 lorsqu'elle avait officiellement pris la succession de l'ancien régiment d'infanterie n° 55 « Comte de Bülow » de l'armée impériale. Une fois de plus ces hommes avaient été les fidèles serviteurs de leurs camarades de l'arme blindée en leur frayant le chemin à travers les obstacles érigés par l'ennemi. « Le lendemain, nos pionniers enlevèrent les grosses mines antichars semées par le Russe sur la route de Cholopowa, et nos chars passaient, écrit le chroniqueur du régiment. Douze jours plus tard seulement, ils atteignirent Kalinine, 300 kilomètres plus loin, sur la ligne Leningrad-Moscou, à 150 kilomètres seulement au nord-est de la capitale soviétique. »

Le commandant du 1er régiment de blindés, « un Autrichien svelte et portant beau la Ritterkreuz au cou, y trouva la mort », se souvient Haape. « Son char IV avait été frappé par une "ratsch-boum" à l'entrée de la ville. » La « ratsch-boum » était le célèbre canon antichars et anti-infanterie soviétique de 76,2 dont le projectile volait si vite (1 000 m/s) que le soldat allemand entendait l'arrivée avant le départ. D'où le nom donné par les combattants du front de l'Est à cette arme ennemie. « Ce charmant compatriote des bords du Danube avait spontanément sauté de son char, lorsqu'il dépassait notre pauvre colonne piétinant dans la boue, raconte encore Haape. Il faisait un bout de chemin à pied avec nous pour nous montrer sa solidarité avec les misérables biffins que nous étions. Je lui parlais de ma fiancée et, incroyable, il l'avait entendue chanter dans *Les Noces de Figaro*, à l'opéra de Vienne, avant l'Anschluss. Sa mort, dix jours après cette conversation, m'a fait beaucoup de peine. »

Le front de l'Est était donc à nouveau en mouvement, avec, au centre, les quatre armées du maréchal von Bock dont deux blindées, quarante divisions, quelque huit cents chars en état de marche et beaucoup, beaucoup de fantassins. Objectif : Moscou. Loin derrière, au sud et au nord, venaient les armées des maréchaux Rundstedt et Leeb, dont les uns fonçaient, après la grande bataille de Kiev, vers le Don qui coule à deux cent cinquante kilomètres, et les autres s'acharnaient sur Leningrad, la deuxième ville de l'empire rouge, qui était encerclée et s'apprêtait à nous offrir une résistance désespérée qui allait durer mille quatre-vingts jours.

Au centre, là où la décision devait se prendre et le destin de la guerre se nouer, la déesse des victoires sourit encore une fois, une dernière fois, aux armes allemandes. Vingt des divisions de Bock réussirent à couper la route de la retraite à quelque soixante divisions soviétiques, au cours d'une bataille bizarre qui se déroulait d'ouest en est et du nord au sud et embrassait deux villes en son centre, Viasma au nord et Briansk au sud. Une bataille longtemps indécise qui se déroula dans des conditions atmosphériques épouvantables, et où une autre « nouvelle arme » de l'ennemi fit son apparition : le T (pour tank) 34, un char révolutionnaire dont les flancs étaient tellement inclinés qu'aucun obus antichars d'un calibre au-dessous de 88 n'avait de prise sur lui. Il avançait plus vite que ses concurrents allemands III et IV, ses chenilles étaient si larges qu'elles ne s'enfonçaient nulle part dans la glaise, et son canon était un « ratschboum » d'un calibre supérieur à celui des canons des chars teutons.

Ce char, une merveille technique, fut un miracle pour la Russie. Il a probablement sauvé l'Armée rouge en automne 1941 car il a remonté le moral des « Rotarmisten », les moujiks de Staline qui se croyaient déjà définitivement battus. Construit en masse dans des usines situées dans l'Oural, à deux mille kilomètres du front, impossible à atteindre par la Luftwaffe et jeté hâtivement au front dès le mois de septembre, ce char a fait des ravages parmi les unités allemandes, surtout celles du train où les T34 surgissaient, tels des loups, souvent la nuit pour semer la panique et la désolation. À cette époque, la principale arme antichar allemande était le petit canon de 37 qui servait depuis la Pologne et encore massivement présent dans les divisions d'infanterie. Il n'avait aucune prise sur le monstre et se faisait presque toujours écraser sous les chenilles, acier et chair humaine mêlés. Les soldats allemands eurent vite trouvé un nouveau nom pour leur malheureux petit canon : Panzeranklopfgerät — ustensile pour frapper à la porte d'un char.

Et pourtant, ça avançait encore, ça avançait toujours, péniblement, d'autant plus péniblement que la pluie et bientôt la neige s'étaient alliées aux armes dont la Bonne Mère Russie disposait pour rendre la vie agréable à ses envahisseurs. C'était une sorte de valse-hésitation : un jour la pluie, un autre jour la neige. Mais tous les jours la raspoutitsa, la boue, cette horrible, détestable masse glaiseuse sans fond qui rendait tout mouvement impossible. Cette arme redoutable, fournie par la nature et invincible par toute armée de « terre ». Cette raspoutitsa, cette période de boue, dura six semaines, de la mi-octobre à la fin novembre, et elle réduisit l'avance allemande de moitié. Au lieu des quarante-cinq, cinquante kilomètres que les marcheurs du 18e effectuaient quotidiennement, en juillet, août, septembre, ils ne parcouraient plus que quinze, vingt kilomètres par jour en octobre. Les pauvres bougres devaient avancer au bord de la « route », laissant le milieu aux camarades des troupes motorisées qui n'étaient guère mieux lotis qu'eux. C'est qu'ils devaient souvent sortir les pioches et les pelles pour dégager les roues de leurs montures, et si rien n'y faisait, ils devaient attendre le prochain passage d'un véhicule chenillé dans l'espoir de se faire remorquer pendant un bout de chemin. Les charges étaient souvent trop lourdes, le treuil cassait, et tous les efforts étaient négatifs. Le désespoir se répandait, le doute aussi, la rage de voir la meilleure armée du monde immobilisée, grotesquement figée tel un troupeau de pantins dans la crotte et la merde.

Et on réalise maintenant quel temps précieux avait été gaspillé en septembre, aux bords paisibles du lac Schtschutsche. Six semaines sans mouvement avaient été sacrifiées sur la route de Moscou. Sans cet arrêt on serait arrivé à temps sur les bords de la Moskova, et le sort de la bataille aurait sans doute basculé en faveur de ceux qui avaient consenti tant de sacrifices pour y arriver. Tout cela, tous nos morts du Niémen, de Polotsk et de la ligne Staline, et ceux du marais Ossotnia, tout cela avait donc été pour rien ?

Corle Becker envoya le lieutenant Müller et son peloton de la 2e compagnie, en éclaireur, loin devant. Il devait faire savoir où se trouvait l'ennemi et ce qu'il faisait, s'il établissait une nouvelle ligne de défense ou s'il reculait. Müller ne trouva personne. Il avança jusqu'au Dniepr dont le cours supérieur n'était ici, à l'ouest de Moscou, que de cent cinquante mètres de large. Rien, pas de Russes. Müller s'attendait à ce que le régiment le rejoignît avant de traverser le fleuve, sur un grotesque petit pont de bois situé à 1,50 mètre au-dessus de l'eau. Ses éclaireurs portant leur bicyclette sur le dos s'avancèrent sur la passerelle, s'attendant à chaque instant à entendre siffler les balles à leurs oreilles. Mais aucun coup ne partait de l'autre rive. C'était une journée grise sous le ciel couleur de linceul, et vide tout autour d'eux, ce qui augmentait le malaise. Plus de Russe, plus d'ennemi. La fin du tunnel était-elle atteinte ? La Russie était-elle brusquement battue ? Staline n'avait-il plus de souffle ?

Ce qu'ils ne pouvaient savoir, ces soldats en vert-de-gris du 18e régiment d'infanterie, c'est qu'à Moscou un début de panique s'était emparé de la population et des hauts fonctionnaires du régime. Les chars du groupement blindé 4 du général Hoepner et ceux du groupement blindé 3 du général Hoth étaient à soixante-dix kilomètres de la ville. Les bombardiers Heinkel 111 faisaient pleuvoir leurs bombes de deux cent cinquante kilos sur les usines de la grande banlieue et aux environs du Kremlin, et les tankistes allemands dans leur tenue noire pouvaient voir, les jumelles collées sur leurs orbites, les obus tracés de la défense antiaérienne moscovite parcourir le ciel nocturne dans tous les sens.

Bon, Staline n'était pas le seul à avoir le souffle coupé même s'il ne se départait jamais de son calme olympien. Les soldats de son « ex-copain » Adolf Hitler haletaient aussi. Ils faisaient des efforts surhumains pour arriver au bout de la course, seulement stimulés par l'immense désir d'en finir enfin avec cette guerre. Le souffle allait-il suffire pour la dernière ligne droite ?

Non, il ne suffirait pas. L'effort s'essoufflait, à quelques dizaines de kilomètres du but. Le ravitaillement bloqué par la boue, et bientôt la glace, n'arrivait plus en première ligne. On manquait de tout, de balles, de pain, d'essence, d'huile, d'émulsion spéciale pour les optiques des canons, de soufre pour les culasses des mitrailleuses, de cigarettes, de schnaps et de ces lettres qui apportaient la seule consolation dans cet univers inhumain. Le moral en prit un coup sévère. Il n'y eut plus que la camaraderie — ce plus beau cadeau qu'un homme peut faire à un autre dans l'adversité — pour unir ces soldats. Tout le monde était à la même enseigne, du colonel au « Schütze Arsch », au tirailleur « cul » comme on nomme le der des ders du régiment. Tout le monde marchait à pied, mangeait la même maigre soupe, chassait les mêmes poux le soir, dans les isbas devenues pendant les intempéries le seul endroit possible pour prendre quelques heures de repos.

Et commença ce combat un peu particulier qui devait marquer les mois à venir, les longs mois d'un hiver terrible : le combat pour un toit, pour un gîte, pour un lieu de repos, bref, le combat pour une maison, pour un village, pour un peu de chaleur. Haape, devenu un combattant comme les autres dans cette guerre qui ne faisait plus aucune distinction entre les hommes, et pourtant toujours médecin responsable des soins aux blessés, raconte : « À travers la steppe l'hiver rampait vers nous. Les jours raccourcissaient de plus en plus. Les nuits devenaient désagréablement humides et froides. Nous ne montions plus nos tentes et nous nous faufilions dans les isbas russes même si celles-ci étaient terriblement sales et infestées de poux et de punaises. Mais l'ennemi qui reculait devant nous défendait farouchement les habitations et leurs chauds quartiers de nuit. Sa résistance devenait plus résolue lorsque nous nous apprêtions à le déloger, le soir, d'un village. Il se battait comme un lion pour le droit de pouvoir passer la nuit dans une vaste ferme à côté d'un four ou dans une grange pleine de foin. »

Puisqu'un village russe est bien plus étendu et bien plus large qu'un village occidental, il arrivait souvent qu'un des hameaux servît aux deux armées en même temps, les séparant seulement de quelques mètres de la rue principale. Le 18e avait développé une tactique efficace pour ce genre de combat pour la conquête d'un village : feu nourri frontal contre les maisons de première ligne pour déloger l'occupant, envoi, en même temps, de petits groupes d'attaque sur la gauche et la droite de l'agglomération avec ordre d'attaquer les maisons par-derrière. Cette attaque surprise dans le dos déclenchait presque toujours la panique chez les défenseurs et leur fuite éperdue vers les forêts environnantes. Pour les soldats allemands, il ne leur restait plus qu'à faire usage de leurs fusils et fusils-mitrailleurs pour déclencher un carnage. Résultat : pertes très sensibles chez l'adversaire sans sacrifices douloureux dans les rangs allemands.

Zoubtsov, Staritza, Kalinine — la 9e armée du général Strauss, ses chars, ses canons tractés et ses grenadiers marchaient, marchaient, prenaient ville après ville, se rapprochant de la grande ville derrière l'horizon. Dieu soit loué, la glace avait remplacé la boue, la terre était redevenue ferme et donnait prise au pied, au sabot et à la roue. Qui marche n'a pas froid, qui prend un village à l'ennemi a le moral. La 6e division, avec ses paysans westphaliens et rhénans, et parmi eux les braves gars de Corle Becker, couvrait le flanc gauche. Direction : le Tma et la Haute-Volga. Les premières neiges. C'est beau la neige quand il y a du soleil. C'est terrible quand il y a du vent. Et il y avait beaucoup de vent, du vent d'est, du vent en pleine face donc, car la marche se déroulait dans la direction est-nord-est. Zéphyr du cosaque, l'appelaient les soldats allemands. Il glaçait la peau de la figure, à peine protégée par un passe-montagne, fabriquait de grosses stalactites autour des yeux, rendait la respiration douloureuse, passait dans les poumons. Qu'à cela ne tienne. Il fallait avancer, rejoindre les Panzer, établir une tête de pont sur la rive nord de la Volga et sans doute s'y établir pour l'hiver. Ce ne serait pas le défilé sur la place Rouge, tant pis, mais si nous tenions ici, d'autres camarades pourraient le faire.

Et le 18e atteignit ses buts. Il était sur le Tma et sur la Volga. Le 3 novembre 1941, il établissait ses positions de défense vers le nord. L'Oberleutnant Rhein délogea tout un bataillon russe de ses positions, avec sa 5e compagnie, dans trois villages le long du Tma, et reçut la croix de chevalier.

— Je la porte pour vous, à votre place, dit-il à ses hommes qui l'entouraient, rayonnant de bonheur.

Haape était tombé sur un vieux bûcheron qui regardait les soldats étrangers passer dans son village de Butovo. « Il m'a dit une chose qui m'a rendu pensif, raconte-t-il dans ses

Mémoires. “Cet automne, les larves sont très profondément enfoncées dans la terre. Nous allons avoir un hiver précoce et très, très froid. Un hiver que nous n’allons pas oublier de sitôt.” »

4

Il y avait deux choses que les soldats du 18e régiment d'infanterie ne savaient pas, ne pouvaient pas savoir. Ni leur commandant, Corle Becker, dans sa grosse voiture de commandement, une « Horch » tout-terrain, ni ses trois commandants de bataillon, Höke, Noack et Neuhoff, ni les dix-huit autres officiers du régiment, ni le Dr Haape et non plus son nouvel aide médical Heinrich Appelbaum, tout fraîchement arrivé au bataillon depuis le 2 octobre de sa lointaine ferme paternelle dans le pays de Lippe.

La première, c'était que le vœu de beaucoup de ces hommes, et de beaucoup d'autres sur le front de l'Est, ne serait pas exaucé. Ce vœu avait été exprimé de la façon la plus précise par l'Oberleutnant Kageneck, à Butovo, le gros bourg près de la Volga où ils avaient trouvé le vieux bûcheron russe. Lui et son ami Haape avaient longuement contemplé le vieil homme avant de lui adresser la parole, quand il était appuyé sur la grille de son petit jardin en regardant passer l'envahisseur.

— Qu'est-ce qui doit lui passer par la tête ? demanda Haape. Qu'est-ce qu'il doit avoir comme souvenirs ? Il a encore vécu sous le règne du tsar, et il était un homme mûr lorsque toute la famille Romanov a été abattue. Et puis il a passé la deuxième partie de sa vie sous les communistes. Je me demande ce qu'il pense d'eux.

— À coup sûr pas grand-chose, rétorqua Kageneck. Je parie qu'il s'est tout juste accommodé des nouveaux maîtres de la Russie, mais qu'il ne les aime pas. Sinon, il ne nous regarderait pas d'une façon aussi ouverte.

— À mon avis, il n'aime ni les tsars, ni les communistes, remarqua le jeune Geldermann qui s'était joint à eux. Pour lui, la vie d'esclave n'a pas changé depuis le passage au communisme. Pour la paysannerie russe les conditions d'existence sont restées les mêmes : le knout. Le knout du tsar d'abord et puis celui du Guépéou.

— Voici une question à laquelle j'aimerais bien avoir une réponse, dit Kageneck rêveur. Il a déjà vu tant de soldats défiler sous ses fenêtres : la garde impériale d'abord, puis l'Armée rouge et maintenant la Wehrmacht. À présent, il nous regarde et se demande : allez-vous être différents des autres ou les mêmes ?

— Oui, ajoutait Haape, allez-vous nous rendre notre vieille bonne mère Russie et nos églises ?

— Oui, dit Kageneck avec force, croyez-moi, si nous allions faire cela, des millions d'hommes de ce pays nous acclameraient comme leurs libérateurs. Ce serait avec leur aide que nous pourrions vaincre définitivement le communisme.

Et après une pause.

— Si je pouvais avoir l'espoir que Hitler, peut-être en tant que premier véritable homme d'État de l'Histoire, se révélerait aussi magnanime et sage, je serais bien tranquille. Je saurais que notre victoire, une victoire allemande, serait un succès durable. Regardez ce vieil homme dans les yeux ! Ceux-ci ne demandent-ils pas une réponse ? Mais que Dieu nous vienne en aide si nous décevions ces hommes ! Ils se rangeraient alors parmi nos plus déterminés adversaires.

Kageneck n'était certes pas seul à avoir cette opinion. Mais son espoir serait déçu, comme tous les espoirs inexprimés de ses camarades. Car il ignorait que son chef suprême était tout le contraire d'un « premier véritable homme d'État de l'Histoire ». Qu'il était en vérité un parvenu sans scrupule, un conquérant dépourvu de toute humanité qui avait déclenché cette guerre non pas, comme il le faisait croire à ses soldats, pour « sauver l'Allemagne et l'Europe entière d'un danger épouvantable comme il n'en a pas existé depuis les conquêtes des Huns et des Mongols » (voir son ordre du jour du 2 octobre), mais pour « assurer la survie de la nation allemande, pour les siècles à venir, en prenant la terre là où on la trouvait le mieux, en Russie et dans les États limitrophes qui lui étaient soumis » (*Mein Kampf*, p. 726). Qu'il n'avait aucune estime pour les hommes qui habitaient ces terres, qu'il les rangeait dans une catégorie humaine inventée par lui, les « Untermenschen », les sous-hommes. Et qu'il comptait les éliminer tout simplement, ou les transformer en esclaves pour la Grande Allemagne.

Tout cela était totalement étranger aux pensées des Kageneck, des Lammerding, des Haape et autres Geldermann. De même, ils ne pouvaient pas savoir non plus que, derrière eux, à plusieurs centaines de kilomètres, le pays conquis était déjà transformé en une gigantesque machine à produire des biens et des vivres pour l'Allemagne, qu'une armée moderne d'esclaves était déjà transférée à l'ouest, dans les usines d'armement de la Silésie et de la Ruhr, dans les usines d'essence synthétique sur l'Elbe et sur le Rhin, une armée gonflée et regonflée par les centaines de milliers de prisonniers dont la moitié allaient crever comme des mouches pendant leur transport.

Ils ne pouvaient surtout pas savoir que les Juifs, dont ils avaient aperçu quelques spécimens dans les villages qu'ils avaient traversés lors de leur avance, ces Juifs qui, par centaines de milliers, habitaient des contrées entières de Pologne, de Biélorussie et d'Ukraine, depuis des siècles, que ces Juifs allaient être systématiquement assassinés, en leur nom et derrière leur dos, par des troupes spéciales de la SS appelées « groupes d'action », par des camarades habillés comme eux en vert-de-gris, portant les mêmes casques et les mêmes armes. Peut-être avaient-ils remarqué l'une ou l'autre de ces unités très spéciales, car sur un ordre des chefs SS, elles devaient suivre « la troupe combattante » de très près, et il leur était ordonné de coopérer le plus étroitement possible avec les états-majors des divisions et des corps d'armée de la Wehrmacht. Peut-être aussi l'un ou l'autre permissionnaire ou blessé léger, revenant au front, avait-il raconté de drôles d'histoires à ses copains sur ce qu'il avait vu ou entendu derrière, à l'étape, sur la façon dont on traitait le « youpin », là-bas, dans les villes conquises.

Mais, dans leur immense majorité, les troupes du front ignoraient les sinistres desseins de leurs supérieurs. Et puisqu'ils les ignoraient, ils croyaient en leur Führer et en leur mission civilisatrice, à savoir écraser le bolchevisme et libérer les peuples qui lui étaient soumis depuis 1917. Ces peuples ne les avaient-ils pas reçus en libérateurs, là-bas, dans les riants villages de Lituanie ? Et maintenant, il y avait à franchir le dernier obstacle, à gagner la dernière bataille, la bataille de Moscou.

Un deuxième grand secret, ignoré non seulement par l'armée mais par Hitler, portait le nom d'un homme dont personne n'avait jamais entendu parler. Cet homme avait nom Richard Sorge, et vivait à dix mille kilomètres de là, à Tokyo, la capitale du Japon qui n'était pas encore en guerre aux côtés de l'Allemagne mais avait conclu, en septembre 1940, le pacte tripartite avec l'Allemagne nationale-socialiste et l'Italie fasciste, dirigé contre les puissances occidentales.

Sorge, un homme distingué et intelligent, était communiste. En 1925, il s'était fait engager par des agents soviétiques pour servir le Komintern, l'organisation mondiale moscovite pour la propagation de l'idéologie communiste dans l'univers. Moscou l'avait d'abord envoyé en Chine, et puis, en 1933, au Japon où il exerçait officiellement le métier de correspondant du très réputé *Frankfurter Zeitung*. Sorge entretenait d'excellentes relations avec l'ambassadeur allemand à Tokyo, Ott, et jouissait de multiples amitiés parmi les hauts fonctionnaires et militaires de l'empire du Soleil-Levant. Pour ses activités moins avouables, il disposait du soutien d'un agent japonais, Hotsumi Ozaki, lui aussi bien introduit dans les hautes sphères diplomatiques et militaires de la capitale japonaise.

C'est ainsi que Sorge avait déjà réussi à faire connaître à ses commanditaires moscovites la date exacte de l'attaque allemande contre l'Union soviétique ainsi que ses objectifs, « tuyau » pourtant violemment rejeté par Staline. Et maintenant, le 15 octobre 1941 précisément, Richard Sorge faisait parvenir à Moscou une information qui probablement changea la face du monde : le Japon, fit-il savoir, n'attaquerait pas l'Union soviétique sur le front sibérien, mais, par contre, dirigerait tous ses efforts militaires vers le sud, contre l'Indochine française. Sorge, cette fois-ci, avait été imprudent et il fut arrêté dix jours plus tard par la police japonaise. On lui fit un procès pour espionnage. Trois ans plus tard, lui et son camarade japonais Hotsumi Ozaki furent exécutés. La justice japonaise l'a d'ailleurs réhabilité en 1997, sur la base d'études menées par des avocats de Tokyo pendant dix ans, d'où il ressortait que Sorge avait seulement déduit, à partir de quelques bribes d'informations venant de militaires ayant participé à un conseil impérial en septembre 1941, que l'armée de Quantoung, disloquée face aux troupes soviétiques en Sibérie, ne recevrait pas d'ordre d'attaque dans un avenir prévisible.

Quoi qu'il en soit, pour Staline, cette information valait de l'or. Elle signifiait qu'il pouvait désormais dégarnir son front de l'Est au-delà du strict nécessaire et transférer son armée orientale, une bonne centaine de divisions fraîches, sur le front plus que chancelant devant Moscou. Le dictateur n'hésita pas une seconde. Dès le 20 octobre, les trains transsibériens commençaient à rouler, amenant chars, pièces d'artillerie et surtout fantassins, tous équipés de tenues d'hiver les protégeant contre un froid allant jusqu'à – 50° vers l'ouest. Les soldats allemands devraient bientôt s'apercevoir que le vent du destin allait changer.

Pour le moment, Bolski, Stolze, Lammerding, Höke et Kageneck, leurs sous-officiers et leurs hommes tenaient encore leurs positions sur la Tma et la Volga, chèrement, de plus en plus chèrement acquises. L'hiver était là, alternant encore pluie et neige, gel et boue, le thermomètre descendant un jour à – 25° pour remonter le lendemain à + 5°. L'ennemi se montrait de la même inconsistance. Fuyant ici, contre-attaquant là. Parfois, des sections entières russes se rendaient sans coup férir, faisant savoir qu'elles ne croyaient plus en Staline et que le « Ruski » était « kaputt ». Une autre fois, les soldats rouges se défendaient jusqu'au dernier homme et se faisaient sauter la cervelle plutôt que de se rendre, quelques-uns n'hésitant pas à se jeter sur leur propres grenades à main dégoupillées auparavant.

L'Oberleutnant Rhein, toujours chef de la 5e compagnie du 18e d'infanterie, portait le jugement suivant sur l'adversaire dans une lettre à ses parents datée du 18 novembre 1941 : « On ne peut pas qualifier nos adversaires de chevaleresques ou de fair play [en anglais dans le texte]. Si nous voyons parfois de quelle façon ont été traités nos blessés tombés dans les mains des Russes, on a envie de se jurer de ne plus jamais faire de prisonniers parmi eux. Et pourtant, on est souvent pris de pitié pour ces pauvres diables si, après être tombés entre nos mains, ils se prosternent devant nous et nous demandent, tremblant de peur et les larmes aux yeux, de les épargner. Quelques-uns nous baisent même les mains, de gratitude de n'avoir pas la gorge tranchée, comme leurs commissaires le leur avaient raconté. À quel diabolique, inhumain fanatisme étaient soumis ces gens sous le knout des politrouks. Souvent, je suis pris d'une sainte rage contre le régime soviétique et tenté de jurer qu'il faut extirper cette peste bolchevique jusqu'à la racine. »

Mais dans la même lettre l'officier exprimait ses doutes quant à la possibilité de vaincre le totalitarisme communiste. Après avoir exprimé sa joie d'avoir reçu la première lettre de sa mère après cinquante-quatre jours sans courrier, et après une description semi-optimiste des conditions de vie du combattant dans ce pays en tous points hostile, il confessait : « En outre, il est clair maintenant, et ceci, au fond, depuis quatre semaines déjà, que la guerre contre la Russie soviétique ne peut plus être gagnée cette année, en dépit des fabuleuses batailles de ces derniers mois. Je crois que nous ne perdrons pas une perle de notre couronne si nous avouons nous être trompés sur la force et l'armement de notre adversaire. Nous avons découvert que toute l'industrie, toute l'éducation de la jeunesse dans les écoles ne sont qu'une gigantesque machinerie bolchevistico-militaire axée sur la guerre, partout dans les écoles on peut voir des posters montrant des armes, des masques à gaz et leur utilisation, des livres sur le tir d'armes automatiques, des manuels d'exercices en campagne, etc. »

Quant à la vie au ras des tranchées qui était celle des hommes du régiment en cet hiver naissant, écoutons le soldat Hermann Matthias, de la 3e compagnie, dans une lettre du 20 octobre. « Je suis à l'hôpital avec une pneumonie. Les efforts de ces derniers jours ont eu raison de ma santé. Souvent nous avons dû rester des heures — dans des cas pas moins de 25 heures, de 10 heures du matin jusqu'à 11 heures le lendemain — sur nos positions. Et pas dans des tranchées bien équipées et préparées mais dans des trous de neige hâtivement creusés pour laisser passer la tempête d'une attaque des Russes. Ceci par un froid allant une nuit à – 25 degrés. Notre seule protection : le manteau réglementaire et une toile de tente. Une fois, nous avions traversé une rivière dans la soirée, l'eau nous montant jusqu'à la poitrine, et dû rester ensuite toute la nuit dehors, montant la garde pour le reste de la compagnie... Notre lieutenant Münch a aussi succombé à ses blessures. Dommage. Sa mort m'a fait beaucoup de peine... »

« Quand nous arrivons, le soir, dans nos quartiers il fait déjà et toujours nuit, et quelques heures plus tard, toujours dans la nuit il faut repartir. Le temps se gâte et avec lui notre humeur. Souvent nous devons attendre des heures, la moitié de la nuit, parfois, devant un pont détruit, dans la pluie et le froid. Si cela arrivait en été, on se coucherait sur le bord du chemin et on dormirait un coup. Maintenant dans cette m... de temps, ce n'est pas possible. On essaye de passer le temps en se racontant des blagues ou des histoires du pays. Mais si cela dure trop longtemps, tout le monde se met à gueuler et à gueuler fort... »

C'était le caporal August Freitag qui écrivait cela à ses proches. Freitag conduisait, avec ses quatre chevaux, la remorque d'une pièce antichar de la 14e compagnie (antichar) du régiment. Il allait avoir une sacrée frousse quelques jours plus tard, à la Toussaint 1941, lorsqu'il se trouva pour la première fois confronté à la nouvelle arme miracle de l'adversaire, le redoutable T 34.

« Arrivés le 1er novembre, jour de tous les saints, nous venions de nous installer dans un quartier superbe, avec tout ce qu'il fallait pour donner à manger à nos chevaux. Les civils nous cuisinaient des pommes sautées, et puis nous nous couchions. Notre éternelle fringale avait chassé notre aversion contre tout ce qui était russe.

« Et puis à 4 h du matin, on nous réveilla. Dare-dare atteler, et partir, relever un autre régiment dans un village à quatre kilomètres plus loin. En route, nous croisions des civils russes en fuite, mauvais signe. Vers dix heures, nous entendîmes un bruit de moteurs lourds venant de la forêt toute proche. Peu de temps après, nos copains des compagnies fusiliers reculaient, abandonnant leurs positions en bordure du village. De la forêt arrivaient trois lourds chars ennemis, chacun accompagné d'une cinquantaine de fantassins. Nos paks [panzer abwehr kanonen] — canons antichars leur tiraient dessus. Mais même notre 50 ne pouvait rien contre eux. Jusqu'à maintenant, nous n'avions jamais vu une chose pareille. Pendant un instant, la peur, la panique même se répandirent parmi nous. Il en est ainsi chez le combattant du front. Aussi longtemps qu'il dispose d'armes avec lesquelles il peut se défendre contre un ennemi, il reste sur sa position. À partir du moment où il a devant lui un adversaire inconnu contre lequel il ne peut rien, il préfère se retirer et regarder la chose d'un petit coin tranquille. Ce matin-là, le Russe nous attaquait pour la première fois avec ses nouveaux chars T 34. Nos fusiliers se retirèrent donc derrière les maisons pour combattre les fantassins qui suivaient les chars. Brusquement, je vis un monstre d'acier se diriger vers moi. Il tirait de toutes ses armes et écrasait tout sur son passage. Les canons 105 d'infanterie de notre compagnie de soutien furent ainsi détruits à seulement 30 mètres de moi. Lentement, le char tourna son canon dans ma direction. J'essayai, en toute hâte, de contourner la maison avec mes quatre chevaux, mais ceux-ci s'emballèrent. Pour la première fois j'allais ensuite abandonner mes chevaux au combat, ce qui était strictement interdit, pour m'abriter derrière la maison. Un de mes chevaux eut une jambe écrasée par un projectile, un autre fut plus légèrement blessé, les deux autres en furent quittes pour la peur. Lorsque, enfin, les chars ennemis regagnèrent leur forêt, nous avions tout de même anéanti toute l'infanterie accompagnante. Mais nos pertes étaient sensibles. Ainsi furent détruits deux canons 37, deux pièces d'infanterie, une remorque pak 50 avec trois chevaux, une remorque d'obusier 100 antichar, et plusieurs chevaux. »

Jörg von Kalckreuth, l'aide de camp du commandant Becker, écrivait le lendemain à sa femme. « Il n'y a tout simplement pas de temps pour t'écrire. Il fut une fois une vie pour nous, elle existe encore, une vie sans début ni fin. Aujourd'hui nous attaquons, demain nous nous défendrons, après-demain nous attaquerons encore, peut-être sur un front inversé, contre un nouvel ennemi. Cet "état de survie en hiver" a réduit à zéro notre espoir, à vrai dire toujours faible, de pouvoir un jour tourner le dos à ce pays immonde. Je suis convaincu que nous devons nous préparer maintenant à passer un long hiver en Russie, sans et sans et sans... et surtout sans toi ! » Kalckreuth, descendant d'une vieille noblesse hessoise, devait être parmi les rares survivants de ce maudit hiver. Après la guerre, il a servi comme colonel de la Bundeswehr dans les hautes instances de l'OTAN en France.

Un long hiver en Russie. Un hiver sans permission, dans une ambiance moins que permissive. Un hiver de disette et de désespoir où l'instinct de survie atteignait des sommets inouïs, où on dut se battre à chaque instant contre les impératifs de l'obéissance et de la discipline, où la foi s'évanouissait et le doute devenait obsession. Où il fallait un moral surhumain pour tenir, et un degré d'abnégation inimaginable, où la mort devint la meilleure amie, la seule amie de l'homme, car elle le délivrerait de ses souffrances.

Les chars du groupement blindé n° 3 du général Reinhardt, marchant sur l'aile nord du groupe d'armées centre, et ceux du groupement 4 du général Hoepner, attaquant sur leur droite, formaient la branche nord de la tenaille d'acier qui devait, de concert avec les blindés du général Guderian opérant au sud, écraser la capitale soviétique comme une noix. En dépit du froid intense, de difficultés inouïes pour faire parvenir le strict minimum de ravitaillement en essence et en munitions, en dépit des blizzards glacés qui se succédaient et des routes couvertes de soixante-dix centimètres de neige, en dépit des moteurs qui rendaient l'âme ou refusaient de démarrer le matin ces chars avançaient encore. Après avoir pris Kalinine sur le cours supérieur de la Volga qui contourne Moscou au nord, ils avaient poussé quarante-cinq kilomètres plus au sud jusqu'à Kline, à mi-chemin de Moscou sur le canal de la Moskova. La 7e division blindée, commandée en France par le général Rommel, surnommée la « division fantôme » à cause de sa percée éclair jusqu'à la Manche, avait établi deux têtes de pont sur le canal, permettant à ses éléments motorisés et aux grenadiers de la 84e division d'infanterie, saxonne, sur sa droite, d'aller encore plus loin et d'atteindre, pratiquement, les abords de la capitale.

Retournons à la 6e division d'infanterie et son régiment 18. Celui-ci s'était établi sur des positions relativement stables sur les deux rives de la Volga, quarante-cinq kilomètres à l'ouest de Kalinine. Attaques russes et contre-attaques allemandes se succédaient, sur un terrain fait de faibles dénivellations, de bois enneigés et de hameaux misérables constitués d'isbas infestées de poux et de punaises. Il y avait belle lurette que les hommes s'étaient habitués à ces nouveaux ennemis, très désagréables et surtout, très dangereux. Haape, le toubib du 3e bataillon, avait donné de sévères instructions à ses quatre compagnies concernant ce danger, rappelant aux hommes que la Grande Armée de Napoléon avait perdu un tiers de ses effectifs par le typhus et que cette même calamité menaçait maintenant l'armée allemande. Partout où cela était possible, le soldat devait se déshabiller le soir et inspecter soigneusement ses sous-vêtements, et détruire, entre ses ongles, tout pou trouvé, parmi lesquels tout particulièrement les gros poux blancs portant une croix de Malte sur le dos, très dangereux car susceptibles de transmettre la maladie.

Mais Haape savait parfaitement, comme il le racontera dans ses Mémoires, que ses instructions étaient quasi impossibles à appliquer par des hommes qui n'avaient souvent pas le temps, et ceci pendant des jours voire des semaines, de se déshabiller, de changer de linge, de procéder à la moindre toilette, et qui, en plus, portaient sur eux, tels des oignons, plusieurs épaisseurs de vêtements pour se protéger du froid qui allait en s'aggravant, à la fin novembre, nuit après nuit pour atteindre les 40° sous zéro. Haape devait se contenter de distribuer un médicament fraîchement arrivé d'Allemagne, la poudre « Roussla » qui chassait temporairement les horribles bestioles mais avait le désagrément de sentir très mauvais. Les soldats la comparaient à leurs pauvres petits canons antichars de 37, incapables de détruire l'ennemi.

Haape avait un autre souci, plus immédiat. De plus en plus de soldats se plaignaient de maux d'intestins et souffraient de diarrhée, croulant sous leurs coliques. Ils avaient attrapé la dysenterie. Pour se soulager, les pauvres diables devaient plusieurs fois par jour, jusqu'à trente fois en vingt-quatre heures, baisser leurs culottes. Avec le froid inhumain, cela les affaiblissait encore davantage. Haape inventa un procédé radical. Il invita les malades à pratiquer une longue coupure le long de la couture de leurs pantalons et caleçons qui leur épargnait un déshabillage partiel et les protégeait du froid. « Les camarades les aidaient à fermer leurs pantalons à l'aide de fil de fer, écrit Haape. C'était une méthode rude, mais elle épargnait des vies. »

Frappé par la « courante », l'Oberleutnant Kramer, chef de la 11e compagnie, était si affaibli que Haape recommanda au commandant du 3e bataillon, Neuhoff, de le renvoyer au pays et de le remplacer par l'Oberleutnant Böhmer, chef de la 2e compagnie. Neuhoff acquiesça. Böhmer n'avait que vingt et un ans, il était le plus jeune Oberleutnant du régiment, issu d'une famille aisée de la Rhénanie, « beau garçon, un peu trop bon chic, bon genre », note Haape.

Le changement se fit mal, Böhmer déclarant tout de go à sa nouvelle compagnie alignée devant lui dans la neige qu'il allait changer un peu les méthodes et leur faire les jambes, et que la discipline serait désormais de fer, etc. Kramer, ancien sous-off devenu par sa bravoure membre du corps des officiers du régiment, était furieux et rabroua vertement « ce fils à papa, trop bien peigné pour la Russie ». Le garçon trop bien peigné ne l'était pas assez pour se faire tuer, quelques mois plus tard, lors d'une contre-attaque à la tête de sa compagnie « hyperdisciplinée ».

Kramer devait prendre un avion à Staritza, magnifique ville-étape sur la Volga, une trentaine de kilomètres derrière les premières lignes du régiment, enfermant dans ses vieux murs une dizaine d'églises abbatiales datant du XIIIe et du XIVe siècle, aux clochers vert et or qui lançaient leurs superbes lueurs sur le pays enneigé tout autour.

— Si on l'accompagnait à son avion, proposa Haape à son ami Kageneck.

— Bonne idée, répondit celui-ci, cela nous fera changer un peu d'air. Ici, tout est calme pour le moment, l'Ivan nous laissera bien deux jours de tranquillité. Et en plus, j'ai un frère à la Luftwaffe qui se bat en Afrique du Nord, peut-être les aviateurs le connaissent-ils ?

Les trois prirent donc la route de Staritza, dans la vieille Opel Olympia de Haape, conduite par le sous-officier Fischer. Neuhoff leur avait donné la permission. Le docteur raconte comment ils étaient passés à travers les villages qu'ils avaient pris en automne, comment ils avaient contourné la petite ville pour arriver à la base, une base abritant une escadrille d'avions de transport et une douzaine de chasseurs Messerschmitt, chargés de surveiller l'espace aérien au-dessus de la 9e armée.

Kramer eut de la chance ; il trouva une place dans un Junker 52 prêt à décoller en direction de la Prusse-Orientale.

Et puis Haape raconte la réception faite par les camarades de la Luftwaffe aux deux pauvres fantassins du front. Erbo Kageneck, mais naturellement on le connaissait. Plus de soixante victoires aériennes déjà, en Libye depuis la mi-novembre, un type comme ça ! On avait retenu les fantassins pendant trois heures, les bourrant de cognac, de chocolat et de biftecks, racontant les combats quotidiens de ces aviateurs avec l'aviation rouge qui se renforçait continuellement, les duels aériens avec les pilotes ennemis dont ils ne sortaient plus tous vainqueurs. Avant de partir on avait bourré la voiture de quinze bouteilles de cognac, de caisses de chocolat et de cigarettes, le tout venant des formidables réserves dont la Luftwaffe disposait pour maintenir le moral des pilotes.

Sur le chemin du retour, Kageneck avait rencontré, dans une rue de Staritza, un Feldwebel de la 84e division qu'il avait connu pendant la campagne de France. Le sergent lui avait raconté que sa division faisait partie du groupement blindé du général Reinhardt qui fonçait sur Moscou, et que les éléments les plus avancés de la 84e ne devaient plus être très loin des abords de la ville, à présent.

Kageneck proposa à Haape de faire le détour et d'aller voir les camarades de la 84e, unique moyen de se rendre compte sur place comment les choses se déroulaient au point le plus avancé de l'offensive allemande et de se faire une idée des éventualités de prendre la ville avant l'arrivée du plus gros de l'hiver. « Staritza-Kline n'est pas beaucoup plus loin que Staritza-Kalinine, et Kline n'est qu'à 30 km de cette dernière. Il était deux heures de l'après-midi, la nuit tombait à six heures, en quatre heures, nous pouvions faire les deux tiers du chemin. » Haape consentit et les trois hommes se mirent en marche, toujours dans leur vieille « Olympia » qui avait grand-peine à se désembourber dans les congères.

Ils arrivèrent à la nuit tombante au dernier poste avancé de la division, une petite maison sur la droite de la route Kline-Moscou qu'ils avaient suivie depuis une heure, à travers, comme le décrit Haape, des chutes de neige et un paysage totalement immergé dans la masse blanche ouateuse dépourvue de toute marque, dévoilant seulement de temps en temps, et à très courte distance, les signes tactiques familiers des unités qui avaient utilisé cette route avant eux.

« Nous n'avions rencontré personne sur la route, écrit Heinrich Haape. De temps en temps, les restes d'une maison détruite, témoin de la précision de nos bombes et de notre artillerie. Tout à coup, nous vîmes quelques voitures parquées sur la droite de la route et une maison marquée du petit fanion d'un PC de régiment. Fischer arrêta la voiture devant le perron. Deux officiers, enveloppés dans de gros manteaux de cuir, sortaient de cette maison. Je ne pouvais pas distinguer leur grade. Ils reconnurent les armes de notre garnison de Bielefeld qui ornaient notre Opel. Kageneck baissa la vitre et entendit l'un d'eux dire dans un saxon chantant : “Où voulez-vous donc aller ? — À Moscou, répondit Kageneck sans hésitation. — Tiens, c'est exactement la destination que nous avons choisie”, répondit le plus grand des deux. Il pointait sa main fortement gantée en direction sud-sud-ouest. “Un peu plus loin à gauche, et un peu moins loin à droite, sont les Russes. Tout droit, là, devant vous, c'est un abri du tramway pour Moscou. Malheureusement celui-ci ne fonctionne plus, sinon vous auriez pu le prendre pour aller à la place Rouge. Je ne vous l'aurais pourtant pas recommandé, vous auriez pu rencontrer plus de Russes que vous ne le souhaitez. Mais si vous revenez dans quelques jours, vous pourrez très probablement le prendre sans encombre.

« "En êtes-vous si sûr ? demanda Kageneck. — Je le crois. Hitler semble avoir signé un contrat avec saint Pierre. Comme vous le voyez, il fait chaque jour un peu plus chaud. Si ce temps continue, nous allons avoir les meilleures conditions pour le coup de grâce."

« J'avançai la main sous mon siège et en sortis une bouteille de cognac de nos camarades de la Luftwaffe. "Tenez, puisque nous ne pouvons pas être à vos côtés au moment de votre arrivée sur la place Rouge, vous allez la boire à notre santé et à notre victoire." »

Kageneck et Haape invitèrent les deux officiers saxons à prendre place dans leur voiture et leur firent raconter leurs expériences. Ils n'en savaient pas plus qu'eux sur la situation en dehors de leur propre unité. Lorsque Haape mentionna les premiers cas, encore isolés, de gelures dans les rangs de son bataillon, les deux autres rirent sous cape.

« "Chez nous, nous sommes à 25 pour cent de pertes par le froid. Nos soldats ne pensent plus qu'à une chose : prendre Moscou aussi vite que possible. Pour eux, Moscou pris équivaut à la fin de la guerre. Et au chaud."

« Après une pause de réflexion, l'aîné reprit : "Le diabolique dans tout cela c'est qu'il est déjà trop tard. Nous arrivons trop tard ici. L'hiver a déjà commencé. Succès ou défaite sont désormais à lire sur le thermomètre. Si le temps chaud actuel se maintient, nous pourrons fêter Noël à Moscou et la guerre sera gagnée."

« Et, après une autre pause : "Voyez, voyez cette folie, s'écria-t-il avec une brusque émotion dans la voix. Là, devant nous se profile Moscou, à prendre avec la main. Juste un petit saut, et nous arrivons. Tous nos sacrifices ne peuvent pas avoir été vains."

« "Pourvu qu'il ne fasse pas trop froid au moment de

notre assaut, disait le petit. Sinon nous pourrions avoir très froid peut-être pour toujours. — Oui, renchérit l'autre, le froid, notre seul obstacle. Comme je l'ai déjà dit, notre victoire et notre défaite sont désormais inscrites sur le thermomètre."

« Il pressait la poignée de la portière.

« "Avant que nous nous mettions tous à pleurer, nous préférons nous en aller. N'oubliez pas de venir nous voir à Moscou, nous serons déjà de bons guides, si vous y arrivez." »

Et Haape de conclure. « Nous les regardions se diriger vers leur poste de commandement. La neige tombait à gros flocons sur leurs épais manteaux de cuir. Avant de disparaître derrière la porte, le plus petit se retourna et agita triomphalement sa bouteille de cognac, sous un ciel gris de plomb.

"Allons voir la guérite", proposa Kageneck.

« Nous traversâmes les quelques mètres qui nous séparaient de l'édifice, la neige dégageant suffisamment de lumière pour ne pas le rater. Arrivés sur place, nous nous assîmes sur la petite banquette, en silence. Le monde autour de nous semblait endormi, étrangement silencieux, seuls les flocons touchant la surface blanche bruissaient légèrement. Kageneck plongea la main dans un panier en bois à côté du banc et en sortit un vieux ticket. Nous nous mîmes à déchiffrer les lettres cyrilliques. "Moscou", pûmes-nous lire.

« Nous retournâmes lentement vers notre voiture. Les mots du vieux bûcheron me revenaient brusquement à l'esprit. "Cette année, les larves sont profondes dans la terre." Kageneck interrompit le silence :

« "Nous devons réussir, absolument. Mais je me pose des questions..."

« Fischer tourna la voiture et nous reprîmes la route blanche par laquelle nous étions venus. La neige tombait encore et encore plus fort. »

5

Tandis que nos deux amis roulaient lentement sur leur trajet de retour, le nez appuyé contre le pare-brise dont les essuie-glaces n'arrivaient plus à écarter les masses de neige, le camarade Staline au Kremlin disposait de deux formidables nouveaux alliés : le général d'armée Gueorgui Joukov, qui commanda les armées soviétiques devant Moscou et fut sous-officier dans l'armée impériale, et le général hiver, qui appartenait à toute l'histoire de la Russie, fidèle au rendez-vous si la patrie était en danger.

Joukov était l'homme de la situation. Calme, résolu. Fils de paysans, né en 1896 dans une isba du village de Strelkova non loin de Smolensk, il disposait des réserves mobilisées en hâte dans et autour de Moscou, et de troupes fraîches de Sibériens arrivant tous les jours de l'extrême est. « "Sur la rive calme de l'Irtych, Emak s'assied plongé dans ses rêveries", chantaient-ils en descendant de leurs trains, et aux femmes qui les attendaient, sur le quai, une boisson chaude à la main, ils disaient "Mais il ne fait pas froid chez vous", en prenant un air protecteur. Ils se frottaient la poitrine avec de la neige, jusqu'à la ceinture, en expliquant "La neige, c'est de la jeunesse. Si on se lave avec de la neige, on ne gèle jamais" » (témoignage de Piotr Pavlenko, publié dans *L'URSS dans la Deuxième Guerre mondiale*, Novosti, 1966).

Joukov avait son plan de contre-offensive en tête depuis la fin octobre. Il attaquerait sur deux secteurs, au sud contre les chars de Guderian qui étaient arrivés aux abords de Toula, à bout de souffle, et au nord contre les fantassins de la 9e armée du général Strauss qui avaient pris Kalinine et Kline et avaient poussé leur avance jusqu'à l'arrêt du tramway visité par Haape et Kageneck le 3 décembre. C'est là, dans ce secteur, particulièrement propice de par ses multiples rivières, ses petits bois et ses hameaux clairsemés, qu'il lancerait sa deuxième attaque, au nord de la capitale dont les faubourgs étaient déjà infestés d'avant-gardes ennemies. Terrain idéal pour ces Sibériens, véritables hommes des bois, rompus à toutes les ruses, malins comme des renards, résistants comme les ours de leur pays. « Un cheval même ne ferait pas ce que fait un Sibérien en hiver », disait-on d'eux. Et pour renforcer cette réputation, les autres soldats russes disaient de leurs camarades venant de l'extrême est : « Au combat, les Sibériens sont impétueux et risque-tout. Ils aiment se battre pour des objectifs impossibles. »

Joukov fixa le début de son offensive sur Kline et Kalinine au soir du 5 décembre. Deux armées, la Ire d'assaut et la XXe, en tout vingt-quatre divisions renforcées de six divisions de Sibériens et de soldats originaires de l'Oural, devaient attaquer sur un front de deux cents kilomètres. Un régiment donc, sur deux kilomètres, densité plutôt faible et éparse. Mais le commandant en chef du front ouest comptait sur ses régiments d'élites et sur le général hiver. Et il savait par son service d'écoutes que les troupes de l'adversaire étaient épuisées.

Le 5 au soir, Haape se rendit au petit mess d'officiers que Neuhoff avait installé dans son quartier. C'était la veille de la Saint-Nicolas, fête très populaire dans l'ouest de l'Allemagne, fête des enfants qui mettent leurs petits souliers, la nuit venue, devant la porte de leur chambre pour les trouver, le lendemain, remplis de friandises. Le commandant du 3e bataillon avait voulu rassembler, pour la première fois depuis le début de « Barbarossa », tous ses officiers autour de lui. Il savait que ses forces déclinaient et qu'il ne tiendrait plus longtemps le coup à la tête de ses hommes. Et Haape avait une raison particulière de fêter la Saint-Nicolas : quelques jours auparavant était arrivée sa

« perme » tant attendue. Six semaines de vacances, déduction faite des vingt-cinq jours que dureraient l'aller et le retour par Vassilevskoe, Rjev, Viasma, Smolensk, Orcha, Minsk, Brest-Litovsk, Varsovie, Berlin, il lui resterait deux pleines semaines avec Martha, sa fiancée et avec ses parents. Si tout allait bien, il pourrait partir dans trois jours.

Haape partit effectivement, mais n'arriva jamais dans son Duisbourg natal, ni même à Berlin. Son voyage devait s'arrêter à Vassilevskoe, vingt-cinq kilomètres plus loin, où le général Joukov lui barra la route.

Ce soir-là, les officiers du 3e bataillon s'étaient laissés aller à leur bonne humeur et, au fur et à mesure que l'alcool faisait son effet, à leur nostalgie. Kageneck avait apporté six bouteilles de cognac de la Luftwaffe, l'ordonnance Petermann avait préparé un buffet froid somptueusement composé de pain de seigle et de viande chevaline, le beurre étant remplacé par de la graisse d'oie. Stolze était de retour. Il avait refusé de se faire transporter plus en arrière, avec sa jambe écrasée par l'éclatement d'une mine sur l'Ossotnia, et de prendre une permission de convalescence à laquelle chaque blessé avait droit. Il voulait être au plus tôt de retour auprès de ses hommes. Maintenant, il était debout sur une table, une bouteille de cognac à la main, et dirigeait une chorale formée par Böhmer, Lammerding, le lieutenant Ohlig et le « petit Becker », Rudi Becker, le type le plus sympathique et le plus fou de la bande. « Plus jamais nous ne porterons des armes, hurlaient-ils, plus jamais nous ne rentrerons en guerre. Laissez donc les autres se battre, nous on s'en fout de la guerre. »

Kageneck et Haape s'étaient dirigés vers le petit bar dans le coin de la pièce.

— Tu te rends compte du froid qu'il fait dehors ? demanda Kageneck à son ami.

— Drôlement froid, c'est tout ce que je sais.

— Moins 35°. Tu sais ce que cela signifie ?

— Victoire ou défaite peuvent être lues sur le thermomètre. C'est ce que tu veux dire, Franz ?

— Oui, Heinz.

Tout avait donc été vain. L'hiver avait le dernier mot. Au moment où les deux amis échangeaient leurs opinions pessimistes, la décision d'arrêter l'offensive sur Moscou était déjà tombée. Et même si elle n'avait pas été décidée, le général Joukov avait désormais pris les choses en main. Il était en train d'arracher aux Allemands l'initiative de l'action.

Les mauvaises nouvelles allaient pleuvoir les prochains jours. Profondes incursions sur les deux ailes de la 9e armée au sud de Kline et au nord-est de Kalinine. La 101e division d'infanterie encerclée dans Kline. L'ennemi parvenu sur la route Leningrad-Moscou à l'ouest de la ligne de chemin de fer. 84e et 86e divisions empêchées de se dégager de l'ennemi. Bataillon 900 renforcé, jeté en renfort à Kline arrêté par l'ennemi sur la ligne de chemin de fer. 1re et 25e divisions blindées décimées sur la Volga et le barrage Volga-Tma. Chars refusant de fonctionner. Canons et mitrailleuses bloqués par le froid. Unités entières reculant en désordre. Pertes sévères par gelures. Danger d'encerclement 6e corps d'armée région Kalinine. Nécessité absolue de tenir ouverte la route Kalinine-Staritza, pour permettre l'évacuation garnison Kalinine.

Le 8 décembre, une autre nouvelle avait fait l'effet d'une bombe sur le moral des soldats allemands : le Japon avait déclaré la guerre à l'Amérique. Le Japon en guerre avec les États-Unis mais pas avec la Russie. C'était la fin du rêve allemand d'une guerre sur deux fronts pour Staline. Désormais, l'Allemagne devait subir seule le poids de la contre-offensive soviétique.

Haape avait été informé que sa permission ainsi que celles de vingt-deux autres soldats étaient momentanément suspendues, pour quelques jours, le temps d'attendre la fin du mouvement du régiment vers une position de défense située à quelques dizaines de kilomètres plus à l'ouest. C'est ainsi qu'il put assister à la remise d'une nouvelle haute distinction à deux membres du régiment. Cette distinction avait été créée par le Führer en personne. Elle s'appelait la « croix allemande en or » et se portait sur le côté droit de la poitrine. Pour l'obtenir, il fallait avoir exécuté cinq des faits d'armes susceptibles d'être récompensés par la croix de fer première classe.

Corle Becker, le père du régiment, avait proposé deux

de ses hommes à la distinction : l'Oberfeldwebel (sergent-chef) Albrecht Schnitger, le type qui avait fait sauter le bunker sur la ligne Staline et qui s'était battu depuis, avec une bravoure exceptionnelle, et l'Oberleutnant Franz Kageneck dont la proposition disait qu'il avait fait montre « d'un calme et d'une perspicacité au combat tout particuliers en plusieurs occasions ».

Le 12 au soir, le docteur recevait notification de sa permission pour le lendemain 13. Il partit de bonne heure, conduit par le fidèle Fischer. Les deux hommes arrivèrent à midi à Vassilevskoe, première étape où cent autres permissionnaires de la 6e division attendaient leur départ, battant la semelle devant une rangée de camions qui devaient les emmener à l'arrière.

Surgit un officier de l'état-major.

— Désolé, mes camarades, je suis au regret de vous annoncer que le Führer a interdit toute permission aux soldats du front de l'Est. Vous devez tous rejoindre vos unités au plus vite.

Devant les murmures de protestations, l'officier ajouta :

— Si vous voulez en connaître la raison : le Russe a percé nos lignes près de Kalinine. La situation est confuse.

Le retour de Haape au bataillon fut un cauchemar. Ses camarades ne se trouvaient plus là où il les avait quittés dans la matinée. Deux heures après son départ, Neuhoff avait été informé par le régiment que son bataillon devait laisser ses quartiers à un bataillon d'une autre division et qu'il devait se porter immédiatement aux environs de Kalinine, quarante-cinq kilomètres au nord-est, pour repousser, avec d'autres unités hâtivement alertées, l'avance russe. Priorité absolue : tenir ouverte la seule route de retraite menant de Kalinine à Staritza.

Haape avait appris la nouvelle situation, bribe par bribe, par des hommes rencontrés sur sa route de retour. Une route totalement encombrée par des fuyards venant du front et des unités fraîches qui y montaient. Les nouvelles n'étaient pas bonnes.

— Grande cochonnerie, M. le docteur, lui contait un Feldwebel du train du bataillon. Les Sibériens ont percé nos lignes des deux côtés de Kalinine. Deux de nos divisions ont soi-disant disparu. Notre bataillon a ordre de contre-attaquer et se trouve en route vers Kalinine, mais personne ne sait au juste où le trouver. Tout est en mouvement.

— Comment, le bataillon en train de contre-attaquer ? Par un froid pareil ? Mais ils sont fous !

Haape avait retrouvé Petermann, son ordonnance, et sa fidèle jument Sigrid, brusquement arrachée à son hibernation en étape, mais bien en chair. Les deux se mirent en marche, face à un blizzard soufflant du nord-est, qui pénétrait leurs minces passe-montagnes et ne leur permettait pas de rester plus de dix minutes en selle. Ils se mirent donc à marcher à côté de leurs montures, mettant péniblement un pied devant l'autre dans la neige profonde, dans un magma d'autres hommes courbés sous le fouet du vent glacial.

— Tout est kaputt, disait un homme, chauffeur d'une ambulance du bataillon, bourrée de blessés et de gelés qui les avait croisés. Les Sibériens sont passés et ont pratiquement foutu en l'air deux divisions entières des nôtres. Maintenant, il y a une grosse ouverture de plusieurs kilomètres par laquelle s'infiltrent des milliers de Russes.

— Et où est notre régiment 18 ? voulait savoir Haape.

— Je l'ignore, M. le docteur. Je sais que notre bataillon doit attaquer ce soir, il doit même être en train de le faire à présent.

— Et où est le Russe ?

— Personne ne le sait au juste. Il est partout.

Peu de temps après, Haape était monté dans une autre ambulance, venant de l'arrière, qui l'avait déposé dix kilomètres plus loin à l'hôpital principal de la division, à Gorki, ville située à mi-chemin entre Staritza et Kalinine, sur la Volga. Il avait trouvé l'endroit submergé de blessés, venant d'unités d'autres divisions et de gelés dont les membres étaient déjà, dans la plupart des cas, en état de putréfaction. Un gradé était le seul responsable sur place, deux officiers médecins avaient été tués dans la matinée, un autre blessé. Haape prit le commandement après avoir été informé par le gradé que le 3e bataillon du régiment 18 était passé par là quelques heures auparavant. Haape avait fait la sélection habituelle entre les morts, les mourants et ceux ayant une chance de survie, et il s'était mis au travail.

Pendant ce temps, le 3e bataillon avançait vers l'inconnu. Il était tout juste fort de deux cent quatre-vingt-dix-huit hommes dont huit officiers, en gros deux compagnies renforcées. Deux compagnies pour arrêter la poussée de plusieurs divisions russes. Les officiers lui avaient trouvé un nom : le bataillon suicide.

Neuhoff avait vite pris ses hommes en main, après un début de dépression. « La discipline allemande s'était à nouveau imposée. Tout accès de panique avait disparu », note un témoin. Nos hommes avaient attaqué furieusement et avaient effectivement stoppé un instant l'ennemi. Mais devant son écrasante supériorité, ils avaient dû se retirer sur quelques hameaux plus en arrière pour s'y barricader.

— Nous avions le sentiment de les envoyer à une exécution capitale, confiait Jörg von Kalckreuth, l'aide de camp du commandant du régiment Becker à Haape qui avait rejoint son PC dans la journée.

— À peine trois cents hommes contre quatre divisions de Sibériens. C'est de la folie pure. Mais il ne pouvait pas en être autrement. Il fallait bien qu'un bataillon le fît. Les pauvres diables, espérons qu'au moins cent des leurs sortiront vivants de cette boucherie.

Haape ne tenait pas au PC du régiment. Sans mot dire, il avait quitté Kalckreuth et s'était rendu, accompagné de Petermann, au bataillon, la nuit, sous un ciel clair dominé par l'éclair de Mars, dieu de la Guerre. Dans une misérable isba, il était tombé sur un homme seul, penché sur une carte et martelant la table de ses doigts. C'était Neuhoff, le commandant.

— Je suis de retour, dit Haape.

— Tiens, vous voilà. Je vous croyais sur le Rhin. Eh bien, Haape, sachez-le bien, nous sommes foutus. Nous ne sortirons plus d'ici. Le 3e bataillon marche au sacrifice. Voilà la situation. Le bataillon est sciemment sacrifié pour sauver nos divisions à Kalinine. Maintenant, vous savez tout.

Neuhoff avait les larmes aux yeux.

— Quelles sont nos pertes ? demanda Haape.

— Je l'ignore. La situation est totalement confuse. Kageneck et Bolski ne sont pas encore de retour. Becker et Lammerding essayent de prendre contact avec Stolze et

Böhmer. Leurs compagnies, les 10e et 11e, occupent les deux villages devant nous et s'y installent pour la défense. Notre campement de première urgence se trouve à deux maisons d'ici, complètement suroccupé de blessés et de gelés. C'est ce foutu froid qui nous fout par terre.

Haape se rendit à la station marquée d'une petite croix rouge. Grande émotion parmi ses fidèles gradés.

— Bon Dieu, voilà notre docteur, dit Tulpin. Votre perme était bien courte.

— Oui, répondit Haape, et maintenant, au travail.

Mais il y avait, dans un coin de la pièce encombrée et mal éclairée, quelqu'un que Haape n'avait pas distingué tout de suite. C'était le vieux médecin autrichien qui avait pris la relève au moment de son départ en vacances. Il était visiblement résigné devant le nombre important de blessés depuis le début de la contre-attaque.

— Regardez autour de vous, mon cher collègue, se lamenta-t-il avec son accent traînant de sudiste. Je vous l'ai toujours dit, dès le début. Cela ne pouvait pas bien se passer avec la Russie. Pensez à Napoléon. Voilà où nous en sommes. Nous allons tous subir le même sort. Nous allons tous périr. Pas un seul de nous ne va retourner au pays, croyez-moi.

Haape était furibard. De tels propos de la part d'un officier étaient très dangereux, surtout devant des hommes encore sous le choc de leurs blessures, et susceptibles de déclencher la panique.

— Que nous sortions d'ici ou non ne m'intéresse pas du tout, rétorqua-t-il. Nous avons avant tout le devoir de nous occuper de nos blessés légers et de renvoyer nos blessés graves à l'arrière. Et ceci immédiatement. Mettons nous au travail !

Quelques instants plus tard, le docteur avait composé une petite colonne de voiturettes traînées par les fidèles chevaux « panier », colonne qui recevait l'ordre d'amener les blessés et les gelés incapables de marcher à Gorki. Inutile d'attendre des ambulances. Elles ne pouvaient pas faire le parcours, étant incapables de passer les rives encaissées de la Volga gelée et restant donc bloquées à l'hôpital de campagne de Gorki. Les « Paniewagen » par contre, la voiturepanier encore utilisée largement de nos jours à l'est de la Vistule, ont plus d'une fois sauvé la vie de soldats allemands pendant la dernière guerre et auraient bien mérité un monument à leur mémoire. Dans le journal du régiment, nous trouvons une sobre description de ces journées tragiques de la première moitié de décembre 1941.

Le 10 décembre, à 0 h 15 du matin, était parvenue l'alarmante nouvelle de la percée ennemie près de Kalinine. Branle-bas de combat pour un régiment en position sur le Tma et dont le 2e bataillon était retiré du front pour être transporté à l'arrière. La troupe était surprise. Mais le départ était immédiat, ordonné. Le 2e part pour la 110e d'infanterie en renfort, une division sérieusement malmenée par l'attaque surprise des Russes.

Voisine de la 6e sur le Tma avec front nord-nord-est, elle avait dû abandonner ses positions, forçant les divisions sur sa droite et sur sa gauche à suivre le mouvement. Ainsi, tout le front allemand au nord-ouest de Moscou s'était brusquement disloqué sous les coups de boutoir des divisions de Joukov, comme c'était déjà le cas depuis des jours au sud de la capitale, chez les Panzer de Guderian devant Toula et Kalouga. Et le régiment de Corle Becker était au milieu de la tourmente, marchant, attaquant, reculant dans la plus grande confusion, dans un climat d'incertitude permanent et un environnement terrifiant fait de tempête de neige, de froid sibérien et de manque de tout ravitaillement, les éléments du train ne sachant pas où trouver leurs troupes.

Peu de jours avant le déclenchement de la tempête, un Oberleutnant du 18e avait encore écrit une lettre de Noël à sa femme, dans son blockhaus sur le Tma confortablement aménagé en habitation d'hiver.

« Cette lettre devrait te saluer pour notre deuxième Noël de couple que nous devons, cette année, passer ensemble seulement en pensées. Remercions le bon Dieu de nous avoir jusqu'à maintenant laissés vivants dans cette guerre. Ce n'est que dans l'espoir et la foi que nous réussirons à arracher à cette guerre tout ce qui est sale et laid et à nous réunir, après, l'âme purifiée.

« Dieu sait que cette guerre est assez cruelle et sombre

pour donner à chacun de nous un désir irréversible de paix et de bonheur. Mais peut-être devons-nous d'abord traverser cette épreuve — Souvent je languis d'amour pour toi et même plus. »

La 11e division avait perdu le village de Krasnovo, situé dans le coude de la Volga à quatorze kilomètres à l'ouest de Kalinine, pivot du front allemand, et toutes les tentatives pour le reprendre avaient échoué. Le 14 décembre, donc, quatre jours après la percée russe, le 4e corps d'armée avait donné l'ordre à la 6e division de rétablir le front sur la Volga et de le tenir aussi longtemps que durerait l'évacuation de Kalinine par les troupes qui y étaient encerclées. Préposé à cette tâche impossible, Corle Becker devait faire face avec ses hommes du 3e bataillon, renforcé d'un bataillon hétéroclite de la 11e division, en tout quelque huit cents hommes, à au moins trois régiments de Sibériens et une artillerie adverse écrasante.

Becker avait protesté contre cet ordre suicide, insistant sur l'extrême épuisement des hommes de la 11e division, au combat sans relâche depuis quatre jours et exposé, sans aucune protection, à un froid persistant d'en dessous de 30°. En vain. La panique s'était emparée des états-majors des corps d'armée et des armées qui avaient reçu, dès le début de la contre-offensive russe, le célèbre « Halte-Befehl » de Hitler de tenir, coûte que coûte, les positions atteintes dès l'automne.

Les adversaires ont reconnu ce sacrifice des troupes allemandes devant Moscou au cours de l'hiver 1941/42. Dans un langage sec et militaire, les documents russes concernant la bataille de Kline et de Kalinine mentionnent les combats acharnés entre le 6 et le 15 décembre, souvent dans des tempêtes de neige, les difficultés de déloger l'adversaire de ces villages fortifiés, le manque de pièces antichars dans le combat contre les chars allemands et « la façon particulièrement âpre dont se déroulèrent ces combats dès le début ». La Ire armée soviétique parle même de son « échec » à prendre les positions allemandes sur la Kama, un affluent de la Volga plus à l'ouest. « Les troupes du général Kousnetzov, combattant jour et nuit, avancèrent lentement vers l'ouest. Certaines agglomérations passèrent plusieurs fois aux mains des adversaires. L'ennemi repoussa de nombreuses attaques à Yakhrom » (*L'Union soviétique dans la Seconde Guerre mondiale*, déjà cité).

Oui, de nombreuses agglomérations passèrent plusieurs fois aux mains des adversaires, laissant chaque fois des hécatombes sur le champ de bataille. Ces agglomérations, souvent quelques dizaines d'isbas seulement, avaient d'ailleurs été évacuées par la population civile auparavant, sur ordre du haut commandement allemand. Ceci pour deux raisons : épargner des sacrifices inutiles aux non-combattants et faire de la place aux troupes allemandes. Une troisième raison s'y ajouta : depuis le début de l'hiver, les partisans russes s'étaient manifestés de façon de plus en plus insistante, et pour en venir à bout il fallait absolument les couper de la population civile.

Staline avait ordonné la guerre de partisans contre l'envahisseur allemand dès l'automne, le premier choc de l'assaut passé. Ils disposaient d'une troupe impressionnante et immédiatement disponible : les divisions brisées par les grands mouvements enveloppants des Panzerdivision durant l'été, dont les effectifs ayant échappé à la captivité survivaient avec armes et munitions, dans les immenses forêts du centre de la Russie. Ces troupes furent bientôt reprises en main par des officiers et commissaires parachutés et instruits pour ce combat particulier dans la clandestinité. S'y ajouta un troisième élément, craint, à juste titre, par les officiers du régiment Becker dès le début de l'hiver. Au fur et à mesure que le destin de la guerre se détourna des drapeaux allemands, les civils des villes et des villages, sentant le vent tourner, cessèrent de nous être bienveillants, rejoignirent la cause de Staline et se portèrent volontaires parmi les troupes de l'ombre. Pour l'occupant, par contre, déjà embourbé dans des difficultés de ravitaillement chaque jour croissantes, une armée de l'arrière qui lui coupait, jour et nuit, ses lignes d'approvisionnement représentait un nouveau et mortel danger.

L'évacuation des villages s'était déroulée dans le calme environ trois semaines avant l'attaque russe, dans le secteur du 18e régiment sur le Tma. Le colonel Becker avait ordonné la mise à la disposition de la population de toute la capacité de transport de son régiment, dans la mesure du possible. Les hommes et les femmes avaient trois jours pour faire leurs bagages, et ils furent accompagnés par des soldats allemands. La distance maximum entre le village abandonné et le nouveau quartier ne devait pas dépasser, sur ordre de la division, les vingt-cinq à trente kilomètres.

Mais la contre-offensive russe et les calamités qui s'ensuivirent firent oublier ces mesures humanitaires. Avec les premiers mouvements de recul, ordre fut donné aux troupes de ne pas laisser un village intact à l'ennemi. Maisons et granges furent donc détruites à l'explosif ou incendiées, souvent sans qu'il y ait eu le temps de faire partir les habitants auparavant. Dans la mesure du possible, les malheureux furent embarqués sur des transports de fortune dont se servaient les soldats allemands pour échapper à la captivité.

Haape raconte un débat entre officiers de son bataillon.

« "Bon, on nous ordonne de tenir là où nous sommes. D'accord. Mais Hitler veut maintenant imiter Staline et nous demande de brûler les villages que nous abandonnons, dit Kageneck.

« — Et que doit-on faire des civils ?

« — On n'en dit rien."

« Naturellement, les Russes en ont fait de même et avec leurs propres compatriotes, mais je ne pouvais pas m'empêcher de penser aux femmes et aux jeunes filles qui nous avaient aidés à panser nos blessés et avaient soulagé nos soldats qui avaient les pieds gelés. Je les imaginais, debout dans la neige, regardant leurs maisons partir en flammes.

« "Que vas-tu faire ? demandai-je à Kageneck. — Je ne le sais pas au juste, répondit-il. Peut-être réussirons-nous à rassembler tous les civils dans quelques maisons avant de brûler le reste du bourg. La seule chose que je ne ferai certainement jamais c'est d'abandonner ces femmes et ces jeunes filles à leur sort dans cet impitoyable froid". »

Dans un rapport du régiment 18 du 20 décembre, nous lisons, dans le langage sec du front : « L'ordre de destruction des habitations était arrivé le 18. Motivation donnée : ne pas laisser à l'ennemi des maisons intactes qui pourront lui servir à se réchauffer afin de nous attaquer ensuite avec une vigueur nouvelle. La division n'avait pas tout de suite exécuté l'ordre de crainte d'indiquer à l'adversaire l'intention de battre en retraite. À partir du 20, nos arrière-gardes commencèrent les destructions. Puisque l'ordre de la division ne mentionnait pas l'attitude à adopter vis-à-vis des civils, les forces du régiment n'étant pas suffisantes d'autre part pour les prendre en charge, ceux-ci furent enfermés dans certaines maisons et libérés au moment du départ de nos hommes. »

Voici comment le caporal August Freitag vécut cet épisode particulièrement cruel de la guerre. « Ce fut un ordre dur qui nous montra plus que jamais à quel point nous menions une guerre pour l'être ou le non-être. Toi ou moi, un de nous deux doit crever. Nous ressemblions en quelque sorte à un bateau en perdition qui n'aurait de canots de sauvetage que pour 50 pour cent de l'équipage... Par un froid glacial, un vent soufflant de l'est et sous les flocons de neige, nous regardions les habitants du village, amassés en bordure de celui-ci, contemplant leurs maisons partir en flammes. Des bébés qui n'avaient pas encore respiré l'air du dehors de leurs maisons, sur les bras de leurs mères, hurlaient d'effroi, mais leurs cris étaient bientôt couverts par les cris de celles qui les portaient. Jamais de ma vie je n'avais vu autant de malheur, je ne l'aurais même pas imaginé. Je remerciais le bon Dieu de ne pas appartenir au commando incendiaire. »

Le 3e bataillon, le « bataillon suicide », avait donc commencé sa contre-attaque dans la nuit du 15, « après de fiévreuses préparations », dit le rapport du régiment. Les hommes, sortant des forêts, avançaient sur une couche de neige de soixante-dix centimètres d'épaisseur. « Le premier assaut réussit. Mais dès que nos propres canons se turent, un furieux tir d'artillerie et d'armes légères adverses nous jeta par terre. En peu de temps, aucun de nos fusils-mitrailleurs ne tirait plus. Par moins 40, ils refusaient tout simplement de fonctionner. À grand-peine nos fantassins réussirent à en remettre quelques-uns en marche. Plusieurs tentatives furieuses de nos hommes de se rapprocher des premières maisons du village d'en face échouèrent sous le feu des mitrailleuses ennemies bien au chaud dans leurs abris. Pendant ce temps, l'adversaire recevait des renforts permanents sur la Volga gelée. L'assaut de l'autre bataillon, de la 11e, se figea lui aussi au bout d'une heure. Dans cette situation, le commandant du régiment décida d'arrêter l'attaque et de diviser ses deux bataillons sur une nouvelle position plus au nord. »

La journée se termina fort mal pour les suicidés du 3e bataillon. L'attaque, suivie d'une brusque contre-attaque russe venant de l'arrière, avait coûté cher : vingt-deux morts, dix manquants, trente-cinq blessés, cinquante-cinq pertes par gelures. « Un tiers de l'effectif total », mentionne sobrement le rapport du régiment, ajoutant que « ce fut seulement grâce au dévouement sans bornes de tous qu'il fut possible d'emmener les blessés et les gelés à l'arrière, lentement, en combattant sans cesse, et en laissant des patrouilles renforcées au contact de l'ennemi pour l'empêcher de nous poursuivre ». Et il se termine par ces mots encore inconnus aux oreilles de soldats habitués à l'avance victorieuse : « Malheureusement, nos hommes ont dû laisser une partie de leurs morts aux mains de l'ennemi. »

C'est dans cette situation que Heinrich Haape, de retour d'une permission avortée, trouva son commandant, le major Neuhoff, dans une isba du village de Prouditchi, la tête entre les mains et les larmes aux yeux. Les souffrances du pauvre Neuhoff ne seraient qu'à peine estompées par l'ordre du jour spécial de la 6e division qui arriva le lendemain à son PC. « Par son héroïque combat dans la journée du 15 décembre, et en dépit de ses trois tentatives infructueuses de reprendre le village de Krasnovo, le 3e bataillon du 18e régiment d'infanterie a permis le désengagement, non perturbé par l'ennemi, de la 11e division et du 27e corps d'armée de la région de Kalinine. En conséquence, j'attribue cinquante-huit croix de fer 2e classe et six croix de fer 1re classe ainsi que deux cents bouteilles de Sekt (mousseux allemand) et une tablette de chocolat par homme au bataillon. Signé : Auleb, commandant de la 6e division. »

Dans la triste récolte de ce 15 décembre, Haape avait, pour la première fois, à s'occuper majoritairement des hommes qui avaient été terriblement touchés par le froid inhumain de cette journée. Il en donne une description qui ne manque pas de réalisme. « Mon cœur s'arrêta lorsque je vis les gelures de ces hommes. Presque toujours, les doigts de pied ou les pieds entiers étaient gelés dans la botte, formant avec elle un seul gros bloc de glace. Nous devions d'abord découper toute la botte et ensuite longuement frotter et malaxer le pied jusqu'à ce qu'il redevînt mou et élastique. Nous les enveloppions ensuite dans de la ouate pour finir par les entourer d'un gros pansement. Quatre femmes russes nous aidaient au travail, la nuit durant. Dans des cas graves, si le soldat ne pouvait plus supporter ses souffrances, nous le piquions à la morphine, mais il fallait un dosage prudent, car la morphine expose davantage le corps au froid. C'est seulement après le dégel complet des membres touchés que les chirurgiens pouvaient décider quelle partie de chair affectée pouvait encore être sauvée de l'amputation. »

Pour Neuhoff, le sacrifice de son bataillon était de trop. Continuellement dépressif, il ne s'en remettait pas. Haape en parla à son commandant de régiment, l'imperturbable « Corle » Becker, avec lequel il s'entendait particulièrement bien. Ils venaient en effet tous les deux de cette frange de terre entre la Ruhr et le Rhin où les têtes carrées des Westphaliens se mêlent dans une heureuse symbiose aux cœurs légers et riants des Rhénans.

— Que pensez-vous du major Neuhoff, mon colonel ? demandait-il à son chef suprême. Ses nerfs l'ont complètement lâché, et le pire c'est que depuis deux jours il est atteint de dysenterie. Il ressemble à un cadavre debout.

Becker consentit à l'envoi de Neuhoff à l'arrière et à son remplacement par Kageneck, l'aîné des officiers du bataillon.

Kageneck prit le commandement le lendemain 17 décembre. Le même jour, il recevait sa croix allemande en or. À peine installé dans ses fonctions, il prit deux dispositions : en cas d'attaque, les fusils-mitrailleurs et les mitrailleuses du bataillon devaient être débarrassés de toute leur huile afin d'empêcher l'enrayement par le froid. C'était une disposition concernant le matériel. La deuxième concernait les hommes. À partir de ce jour, disait-elle, les tués ennemis se trouvant dans le « niemandsland » après une attaque repoussée seraient récupérés la nuit afin de les débarrasser de leurs bottes de feutre et de leurs vêtements chauds. Au cas où les cadavres seraient déjà gelés, il faudrait scier les jambes au-dessus des bottes.

La nuit suivant cet ordre du nouveau commandant, la 10e compagnie de l'Oberleutnant Stolze repoussait l'attaque d'une compagnie russe. Les mitrailleuses fonctionnèrent bien, ayant été chauffées le plus longtemps possible sur les poêles des maisons. Le carnage paya. Une heure après leur succès défensif, les hommes de Stolze se dispersèrent sur le terrain et ramenèrent soixante cadavres russes. La moitié du bataillon fut équipée en bottes de feutre, vestes ouatinées et bonnets fourrés.

Le 19, le 3e bataillon, par un recul lent et calculé, réoccupait Vassilevskoe, où il était arrivé deux mois plus tôt, en pleine avance sur Moscou, la fata morgana de tous, et fort de son effectif impressionnant de huit cents hommes valides. À présent, il comptait encore cent quatre-vingt-dix-huit officiers, sous-officiers et hommes. Il avait subi les plus graves pertes de tous les bataillons du 18e...

6

Les deux cents hommes de Kageneck n'avaient plus grand-chose de commun avec les soldats qui avaient commencé, dans la nuit du 22 juin, la grande croisade contre le bolchevisme, ennemi mortel de l'Occident. Ils ne nourrissaient plus aucune illusion quant à l'issue fatale. Il n'y avait plus de place dans leur cœur pour une foi quelconque, ni un espoir. Les doutes dont ils avaient été assaillis pendant les dernières semaines de leur avance, quant aux chances d'arriver à Moscou, de gagner la guerre avant l'hiver, de retourner au pays au printemps et de jouir des fruits de leur victoire s'étaient tragiquement confirmés. D'une armée qui avait cueilli les victoires comme des fruits mûrs, ils étaient devenus des battus. Pour la première fois dans cette guerre qui durait déjà depuis deux ans, ils avaient dû reculer, souvent en préservant leur peau à la sauvette et en laissant derrière eux des morceaux de leur chair.

Ils étaient devenus de froids techniciens de la mort, maîtrisant leurs armes avec lucidité et raffinement. Ils savaient quelle dose de fleur de soufre suffisait pour faire fonctionner leurs mitrailleuses au maximum de leur rendement, quel degré de sensibilité du détonateur de leurs obus était le bon pour les faire exploser en touchant la neige et donc, pour tuer le maximum d'ennemis, où placer une mine antichar pour que le T34 sautât. Ils n'avaient plus d'états d'âme quant à la mort des autres. Ce qui restait d'humanité dans leur cœur était réservé aux camarades. Car, pour survivre, il fallait compter avec eux, les seuls dont on pouvait attendre qu'ils ne les laissent jamais en perdition.

Extérieurement, ils n'avaient non plus rien de commun avec les soldats de juin. Après avoir attendu pendant des semaines l'arrivée des tenues d'hiver promises par l'intendance, ils s'étaient mis à se débrouiller seuls pour se protéger. Aussi ressemblaient-ils plutôt à une bande hétéroclite composée de clochards qu'à une armée en campagne, et leurs officiers, eux-mêmes transformés en pantins articulés, avaient fermé les yeux.

Survivre, survivre avec les moyens du bord, et avec la discipline. La légendaire discipline prussienne inculquée pendant les années de paix dans les cours des casernes, là où une seule devise prévalait : le « loué soit tout ce qui nous rend durs ». Ici, dans les neiges de Russie devait se confirmer la justesse du « schliff », cet entraînement des hommes allant souvent jusqu'à l'épuisement. Les cours de caserne et leurs sous-officiers instructeurs qui avaient, sans égard à la finalité, modelé, martelé, battu le « matériel humain » dont on allait avoir besoin un jour, dans une guerre « pour l'existence du peuple allemand pour les mille ans à venir ».

La discipline vis-à-vis du supérieur hiérarchique d'abord, c'est l'évidence. Mais dans un environnement inhumain, dans la tourmente permanente, dans un monde où la mort fait des hécatombes, tous grades mêlés, qui est le supérieur ? L'Oberleutnant, le Feldwebel, ou le caporal ? Il n'y a pas le choix. On charge de la responsabilité de la conduite du combat les épaules du plus brave, du plus serein, du plus humain. Et on tient ensemble. La discipline devient solidarité, elle devient camaraderie, seule et mince chance de survie. La petite unité, le « Verlorene Haufe », le clan perdu, ce que l'historien américain Omar Bartow a appelé les « groupes primaires », voilà ce qui compte et qui fournit la seule explication de l'extraordinaire cohérence et du stupéfiant degré de combativité qu'ont montrés les soldats de la Wehrmacht dans cette épreuve de l'hiver 1941/1942.

La discipline envers soi-même ensuite. Celui qui se laissait aller était perdu. Il était laissé seul par les camarades. Car la bande ne pouvait fonctionner, survivre que si chacun de ses membres en tenait le fil. La défaillance était mortelle, pour le défaillant aussi bien que pour les autres.

Il existait une terrible tentation à se laisser tomber, glisser : le froid, la glace, la neige. Haape en a fait un très beau récit dans ses mémoires.

« Dans ce froid inimaginable qui figeait l'haleine et produisait des stalactites à la bouche et aux yeux, qui anesthésiait les sens et rendait l'effort de penser surhumain, le soldat allemand ne se battait plus pour des idéaux, pour une idéologie ou même pour la patrie. Il combattait sans se poser de questions et sans penser, sans vouloir savoir ce qu'il avait encore devant lui. Habitude, discipline et volonté de survivre tenaient debout les hommes ; mais si le cerveau du soldat était devenu inerte, si sa force, sa discipline et sa volonté étaient usées jusqu'à la corde, il se laissait glisser dans la neige. Si les camarades s'en apercevaient, ils essayaient de le secouer, de lui botter les fesses et de le remettre sur pied jusqu'à ce qu'il se rendît à nouveau compte que sa tâche dans ce monde n'était pas encore terminée. Et il se ressaisissait et se remettait en marche. Mais s'il s'affaissait sans que quelqu'un s'en rendît compte, il restait là où il était tombé, et ses restes humains étaient vite ensevelis sous un linceul blanc miséricordieux. »

« Pour la première fois donc, dans cette campagne de Russie, le 18e dut battre en retraite », note le journal du régiment à la date du 17 décembre 1941. Déjà, avant le déclenchement de la contre-offensive Joukov, début décembre, le haut commandement allemand avait réalisé que la tentative de prendre Moscou serait un échec et avait ordonné, en conséquence, le retrait des divisions du groupe d'armées centre sur une ligne fortifiée, deux cents kilomètres en arrière, à hauteur de la ville de Rjev, appelée « ligne Königsberg » par rapport à la capitale de la Prusse-Orientale.

Ce retrait devait s'échelonner sur huit jours et en plusieurs étapes, se déroulant de la façon suivante : départ des deux tiers des effectifs et des armes lourdes dès la nuit tombée, départ du dernier tiers et du reste des armes lourdes après minuit, départ de l'arrière-garde (un tiers du dernier tiers) à l'aube.

Mais tous ces beaux projets avaient été bouleversés par les coups de boutoir de Joukov depuis le 6 décembre. Et maintenant, tout le monde refluait en désordre, en abandonnant les armes lourdes, des stocks de ravitaillement et un nombre impressionnant de véhicules immobilisés. Au milieu de ce maelström se traînaient plus morts que vifs les hommes de la petite bande de Kageneck, avec, à leur tête, les commandants des compagnies qui avaient survécu, Stolze, l'indomptable chef de la 10e, Schnitger de la 11e, le Feldwebel à la croix allemande qui avait pris la place de l'Oberleutnant Bolski tué devant Krasnovo le 15, et le « petit Becker », lieutenant de son état, qui avait pris la place de Kageneck à la tête de la 12e, la « compagnie des mitrailleuses ». Tous devenus des durs à cuire incomparables, véritables monuments vivants de cette armée qui gardait, en dépit de ses malheurs, un inébranlable moral, et évidemment en leur milieu et marchant du même pas, toujours dans la bonne humeur, l'ami toubib, Heinrich Haape.

Leur régiment, toujours sous la conduite du quinquagénaire et jovial Rhénan Carl Becker, s'était retiré depuis le 18 décembre en plusieurs étapes, de position en position, et dans un ordre tout à fait contrôlé, soutenu d'ailleurs sur sa droite par les cavaliers du détachement de reconnaissance de la division, toujours commandé par Georg von Boeselager.

Le 18, ils avaient encore tenu une position au nord de la Volga et à l'ouest de Kalinine. Le 20, le 18e avait établi une défense un peu plus à l'ouest, en chevauchant le fleuve et en incluant la « Panzerstrasse » Kalinine-Staritza, seule artère de retraite pour la 9e armée. Le 22, ils étaient devant Gorki, jadis leur point de ravitaillement et siège de l'hôpital de campagne de la 6e division où Haape avait passé une nuit sur le chemin du retour de ses « courtes vacances ». Et deux jours plus tard, à la veille de Noël, du premier Noël en Russie, ils avaient encore reculé de dix kilomètres pour se fixer, et ils espéraient que ce fût pour longtemps, sur la ligne préétablie par les états-majors comme ultime recul, une ligne appelée « ligne Staritza », du nom de cette belle cité sur la Volga où Kageneck et Haape avaient passé, à l'ombre de ses églises abbatiales multiséculaires, une joyeuse soirée chez les camarades de la Luftwaffe.

Cette ultime ligne, à peine fortifiée par quelques maisons transformées en blockhaus et des murs de neige accumulée à la pelle, s'appuyait sur les hameaux Ivanitchi, Kosnoskovo et, le plus gros bourg des trois, Shitinkovo. Dans ce dernier pivot gauche du dispositif, s'était installé le 3e bataillon de Kageneck, le 2e du capitaine Höke occupant les deux autres, sur la droite, avec ordre de barrer la Panzerstrasse aux chars et fantassins russes. Becker avait gardé son 1er bataillon en réserve, derrière la Volga figée dans les glaces, dont les méandres remontaient vers Staritza.

Toutes ces retraites s'étaient déroulées sous la pression permanente de l'ennemi qui, en attaquant sans cesse, cherchait la faille dans le système allemand pour lui porter le coup de grâce. L'art du commandement des chefs, du commandant du régiment au dernier sous-officier à la tête de sa section, avait permis de maintenir la liaison entre les unités malmenées et d'empêcher ainsi la percée fatale.

Le 24 décembre, jour où le cœur allemand, qu'il soit d'obédience romaine ou luthérienne, se tourne au loin, vers Bethléem la palestinienne, où les gorges se remplissent du « Stille Nacht, Heilige Nacht » (douce nuit, sainte nuit), les hommes du 18e avaient osé espérer que le Russe, communiste peut-être, mais tout de même orthodoxe et profondément croyant, comme le prouvaient les « coins à icônes » dans toutes les pièces principales des habitations, respecterait le jour le plus sacré de la chrétienté. La matinée avait été calme à part les inévitables accrochages entre patrouilles des deux côtés dans les blancheurs du « niemandsland » et le bruit épars des fusils-mitrailleurs qu'on chauffait, à toutes fins utiles, en tirant quelques rafales dans la neige.

À midi, Höke, le commandant du 2e bataillon, avait fait le tour des compagnies et distribué cigarettes, chocolat et ce fameux Sekt, que la division avait fait parvenir au 3e bataillon en récompense de la bravoure montrée le 15 décembre devant Krasnovo. Kageneck avait partagé le butin avec les copains du 2e. Haape avait pu, enfin, s'occuper de tous ses blessés et malades renvoyés à Staritza, où se trouvait désormais l'hôpital de campagne du régiment, et même porter des soins à quelques civils russes qui s'étaient présentés à lui et à sa nouvelle aide, Natascha Petrovna, une ravissante jeune fille russe de vingt ans qui s'était spontanément offerte aux occupants, dès l'arrivée du bataillon à Shitinkovo...

Haape avait installé son poste médical dans une des maisons les plus solides de Shitinkovo, près du PC de Kageneck. Il tenait par-dessus tout à ce que son petit « hôpital privé », où qu'il fût, soit bien protégé et bien chauffé, et à la rigueur défendable, que l'évacuation des blessés soit toujours possible également. Il s'était imposé comme principe de ne jamais laisser tomber un de ses protégés vivant aux mains des Russes. Il y était d'autant plus déterminé depuis qu'il avait appris le comportement de l'Armée rouge à Kalinine. La retraite hâtive de la garnison allemande n'avait pas permis d'évacuer le grand hôpital militaire que le commandant avait installé au centre de la ville, et on avait dû abandonner une centaine de blessés graves dans leur lit. Les malheureux avaient imploré les autorités de ne pas les abandonner aux Soviétiques car ils n'avaient même plus d'armes pour se tuer en dernier ressort. Quelques médecins étaient tout de même restés avec eux, se fiant aux conventions de Genève et à la protection de la Croix-Rouge. Mais les Russes n'avaient respecté ni les unes ni les autres. Selon les témoignages de quelques rescapés, ils avaient commencé par abattre tous les médecins puis par passer ensuite les blessés tout simplement par les fenêtres. (Les mêmes faits ont été rapportés à d'autres endroits, comme à Feodossia en Crimée, à Bobrouisk sur la Bérézina et à Königsberg, en Prusse-Orientale, en avril 1945.)

Kageneck avait une raison spéciale de sabrer une bouteille de Sekt avec ses camarades ce jour de Noël. La veille au soir, à la fin du journal de 22 heures du « Soldatensender Belgrade », la radio de toutes les unités de la Wehrmacht en Europe occupée, il avait appris la naissance de deux jumeaux au foyer de Detmold, en Westphalie, où sa femme Elisabeth attendait son retour. Elle avait confié l'annonce à la rubrique « nouvelles de la famille » qui terminait tous les soirs l'émission de la station, juste avant la « Lily Marlène ».

Boeselager, le cavalier, venu en voisin pour sabler le mousseux, avait taquiné son copain de classe chez les jésuites de Godesberg :

— Chapeau pour le résultat de ton escapade, hein, là-bas à Rastenburg.

En effet, Kageneck, connu au régiment depuis les temps de paix pour son talent de se payer de petits extras, avait enfreint, quelques jours avant l'arrivée du régiment en Prusse-Orientale, la stricte interdiction de faire venir quiconque de l'intérieur de l'Allemagne dans cette zone déjà considérée comme « stratégique » et rencontré pendant trois jours sa femme dans un hôtel de la petite ville. Celle-ci, grande cavalière devant le Seigneur, avait accouché un peu prématurément de deux superbes garçons qui, hélas, ne devaient jamais connaître leur père.

Mais les Russes ne respectaient pas le lointain événement de Bethléem. Ils attaquèrent comme d'habitude, le soir à la nuit tombante, utilisant la lumière diffuse entre neige et ombres pour s'approcher, indiscernables dans leurs chemises blanches passées au-dessus de leurs épaisses tenues d'hiver, et glissant, sans faire de bruit, sur des skis au plus près des avant-gardes allemandes, avant d'éclater dans un brusque « hourra ! » qui glaçait le sang. Les hommes du capitaine Höke, attaqués les premiers, les repoussèrent une fois de plus avec de la méthode, une froide détermination, et avec des armes à feu bien chauffées. Lorsque l'aube pointa, cent quarante-deux bolcheviques morts restaient sur le carreau, laissant cent quarante-deux nouvelles paires de bottes de feutre aux vainqueurs, plus qu'il n'en fallait. Pertes allemandes : neuf morts, dix-huit blessés, parmi lesquels trois officiers.

Toutefois, à la 7e compagnie tenant l'aile droite de la position, l'adversaire avait réussi une profonde irruption et avait pris dix maisons avant de se faire déménager par une énergique contre-attaque sous la conduite du chef de bataillon Höke. L'artillerie ne pouvant pas intervenir à cause des lignes de communication brisées par la glace, il avait fallu pousser les canons du Feldwebel Weischede, commandant de la section des pièces d'infanterie de la 14e compagnie, jusqu'en première ligne pour qu'ils puissent reprendre les isbas occupées par les Russes sous leur feu direct et dévastateur. Une fois les lignes rétablies, Höke avait demandé aux artilleurs en position dix kilomètres en arrière, de diriger leur tir sur le village même, au risque de voir les obus tomber sur ses propres hommes. Mais le Feldwebel Sassen, observateur avancé et directeur du tir, avait fait un travail magnifique, au centimètre près, et avait délogé l'ennemi de ses quartiers éphémères.

La 8e compagnie de l'Oberleutnant Grote sur la gauche avait dû abandonner les positions de feu de ses mortiers 80 sous la poussée de l'attaquant et laisser six maisons à l'ennemi. Là aussi, l'énergie des hommes avait été efficace pour passer à la contre-attaque, sous la conduite de leur chef tout juste de retour d'une convalescence après une blessure au bras à Struchnaïa, cinq semaines auparavant. Rhein et sa fameuse 5e compagnie avait soutenu l'action en surprenant les occupants des maisons sur leur flanc droit. Les mitrailleuses et fusils-mitrailleurs, tirant à merveille, avaient également fait du bon travail et n'avaient laissé aucune chance à ceux qui essayaient de se sauver et de regagner les forêts d'où ils étaient venus.

À minuit trente dans la nuit du 25 décembre, le capitaine Höke passa un message à son commandant de régiment. « À minuit Ivanitchi libérée de l'ennemi. » Parmi les trois officiers blessés se trouvait encore Grote, le chef de la 8e. Debout au milieu de la rue principale d'Ivanitchi, il tirait comme au champ d'exercices, avec son fusil à lunette pris en automne à un commissaire tué sur les fugitifs russes qui couraient vers la forêt ; il avait reçu une balle perdue dans le ventre. Heureusement, elle ne pénétra pas profondément dans sa chair. Grote se laissa panser et resta avec ses hommes. Ce n'était pas le moment de les laisser seuls.

« Ce fut un travail dur, raconte Höke, mais il est terminé, et nous avons pu nous rendre maîtres de la situation. Ici et là on entend encore quelques blessés crier. Nous interrogeons nos prisonniers. Ils viennent de notre bien connu vieux régiment de fusiliers sibériens n° 912, des types formidables. Ils nous ont dit que leur objectif était de pénétrer dans l'axe de la route jusqu'à 15 km de profondeur. Nous avons pu empêcher cela et ainsi éviter un grand danger pour notre division. » Et Höke, vrai romantique allemand, termine : « 25 décembre 1941. Weihnachten. Un soleil froid éclairait un champ de bataille désolant. Restes de maisons qui se consumaient, cadavres de Russes brûlés et pêle-mêle des morts, des armes et des pièces d'équipement. »

Les hommes de Becker savaient que le 912e sibérien allait les laisser tranquilles pour un temps, après les pertes très graves qu'il avait subies en cinq jours d'assaut incessant. Mais ils savaient aussi que le répit serait de courte durée car le « petit père des peuples », Joseph Vissarionovitch Staline, disposait de réserves illimitées dans son empire de deux cent cinquante millions d'habitants. La preuve fut vite faite. Les prisonniers suivants faits par nos patrouilles dans le niemandsland nocturne venaient de régiments à quatre chiffres et portaient les numéros 1241, 1243 et 1245. Le nouvel assaut opéré par des troupes entièrement fraîches intervint dans la soirée du 26 décembre. Il se porta sur un régiment allemand dont les effectifs étaient tombés à quarante, voire cinquante hommes par compagnie.

Cette fois-ci, l'adversaire avait changé son angle d'attaque, variant toujours le centre de gravité dans la recherche de la percée décisive. Les Allemands s'y étaient préparés. Et ce fut Shitinkovo qu'il choisit, le pivot gauche du dispositif tenu par le 3e bataillon du régiment 18, celui dont Kageneck avait la charge.

Kageneck y était préparé. Il avait eu quarante-huit heures pour prendre ses dispositions. Le bourg était vaste et pas facile à défendre avec une petite troupe de cent quatre-vingts hommes, renforcée par une compagnie du 37e régiment et une section de canons d'infanterie 150 sous la conduite du Feldwebel Scheiter. Au nord et à l'est, de gros massifs entouraient le village, approchant à l'est jusqu'à cinquante mètres des premières maisons. Le commandant avait donné ordre au Feldwebel Schnitger, un des plus actifs sous-offs du régiment, de se poster avec une section renforcée dans cette forêt, de signaler immédiatement tout mouvement suspect et de repousser les attaques portées par des éléments ennemis inférieurs en nombre.

Au sud, le terrain était plus ouvert mais légèrement nivelé, s'étalant jusqu'aux rives en pente de la Volga. Kosnakovo, où se tenait un élément léger du 1er bataillon, était à huit kilomètres. Terpilovo, où stationnaient les trains, plus au sud, à trois kilomètres de distance. Derrière eux, très loin au sud-ouest sur l'autre rive de la Volga, Staritza, la ville étape qu'il ne fallait perdre à aucun prix. Et entre eux et les voisins immédiats s'étalait le désert blanc, sans cesse plus blanc sous une neige qui n'arrêtait pas de tomber par moins 35°.

Stolze, le bloc de bronze, l'armoire à glace, le géant de 1,90 mètre à la voix tonitruante, avait au moins trois balles dans la peau mais, toujours présent, avait pris les cinquante-cinq survivants de sa fière 10e compagnie pour les installer sur le front le plus menacé, aux bordures nord-est et est du bourg, face aux forêts. Rudi Becker, le « petit Becker », nommé ainsi pour le différencier du commandant du régiment, s'était installé avec sa 11e à la droite de Stolze, surveillant le flanc droit vers Kosnakovo. Aux secteurs nord et nord-ouest, moins menacés, Kageneck avait disposé deux pelotons de la compagnie du 37e, le reste formant la modeste réserve du bataillon, en tout et pour tout trente-cinq hommes armés de fusils, fusils-mitrailleurs et grenades à main. Lui-même avait choisi, pour son PC, une maison un peu élevée, située au nord-est du village, juste derrière son ami Stolze. Et à côté de lui, non loin de l'autre côté de la rue, Haape et son antenne médicale, remplie à cette heure tardive de l'après-midi de quelques blessés et gelés de la veille qui n'avaient pas encore pu être évacués par manque de traîneaux.

Tout était donc fin prêt lorsque Schnitger, dans sa position avancée au milieu de la forêt, tira des fusées rouges pour alerter le bataillon. Au même moment on entendit le crépitement de ses mitraillettes et fusils-mitrailleurs, bientôt couvert par le sinistre hurlement des Sibériens. Kageneck n'avait pas besoin d'attendre le rapport de son Feldwebel qui, maintenant, battait en retraite vers le village, pour savoir que l'engagement allait être sérieux. Le Russe attaquait en force, avec au moins quatre bataillons sur deux fronts à la fois, disposant d'une écrasante supériorité.

— Surmann, faites parler vos obusiers, feu nourri sur bordure forêt, hurlait-il au lieutenant de l'artillerie qui se tenait à ses côtés.

Les communications étaient-elles bonnes ? Oui, elles avaient résisté au froid. Quelques minutes plus tard, les lourds coffres de 150 passèrent par-dessus les têtes pour exploser exactement parmi les premiers arbres, là ou les premières chemises blanches de neige des Sibériens avaient fait leur apparition. En quelques bonds, Kageneck gagna l'autre bord de la rue et disparut en glissant entre les maisons, là où devaient se trouver les hommes de Stolze.

Haape et ses indéfectibles aides, Heinrich Appelbaum Kunzle, le Sibérien allemand et Müller, le dernier chauffeur de la vieille Opel qui avait rendu l'âme à Gorki, n'avaient pas eu le temps de se croiser les bras. Müller portait un gros pansement autour de la main gauche. Lors du transport d'un gelé de la 11e, une balle ennemie lui avait arraché trois doigts. Haape avait voulu le renvoyer en arrière avec son « Heimatschuss » — blessure susceptible de le faire rentrer au pays. Mais le blessé avait insisté pour rester, disant qu'il pouvait soigner avec sa main droite en attendant la guérison de l'autre main.

Schnitger rentra au village, mais il avait perdu trois hommes dans un corps à corps avec les Sibériens et ramené trois blessés, dont un avec une balle dans le poumon. Haape les banda, fit une injection au blessé grave et ordonna à Appelbaum de ramener les trois hommes à Terpilovo où des transports par chariots étaient prévus pour l'hôpital de campagne à Staritza.

Surpris par le feu de l'artillerie, l'adversaire avait ralenti son élan et n'avait pas dépassé les frondaisons. Kageneck, au coude à coude avec Stolze et Becker, avait profité de l'accalmie et réorganisé la défense, estimant que la poussée la plus dangereuse devrait désormais s'effectuer sur l'angle nord-est du village, là où Stolze avait monté la garde depuis la soirée. En toute hâte, on poussait les lourds canons d'infanterie de Scheiter dans cette nouvelle position pour qu'ils puissent envoyer leurs shrapnels en tir tendu dans les rangs de l'attaquant. Loin d'assurer une ligne de défense cohérente et continue, par manque d'effectifs, Kageneck et Stolze ne pouvaient que s'appuyer sur quelques points forts occupés par des hommes résolus et déterminés, et transformer, au mieux de leurs modestes moyens, ces points forts en forteresses en miniature. Becker, lui, avait reçu l'ordre de défendre l'angle sud-est du bourg, stratégiquement essentiel pour le lien avec le bataillon voisin, le 1er à Kosnakovo.

La forêt étant nettement plus éloignée devant le secteur nord, Kageneck avait donné ordre à ses hommes de garder une stricte discipline de feu et de ne pas l'ouvrir avant qu'il n'en donnât personnellement le signal en tirant une fusée blanche. Le même ordre était valable pour les obusiers et les pièces d'artillerie en arrière. Leur expérience avait appris depuis longtemps aux défenseurs que le premier coup de feu devait être bien ajusté et dévastateur pour avoir la moindre chance de briser l'assaut.

Les Russes attendirent comme d'habitude le coucher du soleil et l'apparition de la lune pour lancer leur deuxième attaque. Il était minuit, dans la nuit du 27 décembre.

Kageneck réalisa immédiatement que l'angle de cette deuxième attaque était celui qu'il avait prévu : la lisière nord de son dispositif. Il attendait froidement que la première ligne des attaquants fût à la distance qu'il avait choisie pour ouvrir le feu : quatre-vingts mètres. Meilleure distance pour les carabines K 98 de ses hommes et les mitrailleuses des tirailleurs. Il déclencha la fusée de signalisation. Lorsque la grosse boule blanche sortit de la bouche du pistolet pour monter lentement vers le ciel noir, jetant une lumière blafarde et tremblante sur le grand champ blanc devant eux, un feu meurtrier partit d'une centaine de bouches et faucha d'un coup la première rangée des assaillants. Mais une deuxième s'avançait déjà, puis une troisième surgit derrière et une quatrième, dans un bruit infernal fait de crépitements, de hourras, d'ordres hurlés et de cris de mourants. Cette fois-ci, la vague était trop haute. Elle submergeait le faible mur érigé par les soldats allemands.

Les Westphaliens durent céder, abandonner les premières maisons, reculer le long de la rue principale, vers le centre du bourg, vers le PC du bataillon et vers le poste de secours de Haape avec ses blessés. Les premiers hommes étaient tombés, parmi eux Stolze, le vénéré chef de la 10e, appelé « taureau » par ses hommes, l'homme au grand cœur. Il était mortellement blessé, criblé de balles, et on dut l'abandonner au bord de la route. Un terrible choc fut ressenti parmi les hommes. Mais ils se ressaisirent vite, s'accrochant, ne reculant plus. Schnitger prit le commandement et Kageneck était là. Il avait amené en renfort des hommes de son PC, téléphonistes, agents de liaison, chauffeurs. La 10e compagnie avait encore cinq fusils-mitrailleurs, neuf carabines et un mortier de 50, puissance de feu dérisoire. Au moins les hommes avaient-ils les poches bourrées de grenades, des couteaux et des baïonnettes.

Les Russes étaient d'un côté de la rue, les Allemands de l'autre : distance quarante mètres. Il y eut une sorte de pause, tout le monde respirait, se réchauffait, comptait les munitions. « Même un cheval ne fait pas ce qu'un Sibérien peut faire en hiver. » Mais où est le cheval qui ferait ce qu'un Westphalien est capable d'endurer ?

Le bruit de la bataille s'était déplacé vers le sud-est, là où Becker et Scheiter défendaient leur « Stützpunkt », leur point d'appui. On entendait crépiter leurs mitraillettes. Ils seraient bientôt au corps à corps. On ne pouvait pas leur porter secours, car les Russes se trouvaient entre eux et les autres compagnies.

Kageneck s'inquiétait maintenant des tirs venant du nord-ouest, presque dans leurs dos, du côté du poste de secours de Haape. En quelques bonds effectués à l'abri des tirailleurs russes, Kageneck arriva chez son ami.

— Combien de blessés ? demanda-t-il.

— Quarante, Franz, mon poste est surchargé. Je n'arrive plus à soigner tout le monde. Et il va falloir nous défendre nous-mêmes, bientôt le Russe va pousser du côté nord-ouest maintenant.

— Je le sais, mais je ne peux pas t'aider, Heinz, tu dois te débrouiller seul. Dès que je pourrai, je t'enverrai des renforts. Peut-être quelques types du 37e.

Haape vécut un instant de terreur dès que son ami l'eut

quitté. Subitement, il entendit des coups de feu tout près de lui, de l'autre côté de la rue, accompagnés de hurlements de blessés. La porte de son poste fut brutalement enfoncée. Un homme de la bande à Schnitger se tenait là, pâle comme un mort, une hanche ouverte par un éclat de grenade.

— Les Russes sont là, hurla-t-il dans un râle.

Un grand silence se fit. Dans cette pièce éclairée par une lampe à pétrole, où il n'y avait plus une place de libre pour coucher un mourant, où Haape s'était réservé juste un tout petit espace au milieu de tous ces corps pour s'occuper des arrivants, tous savaient qu'ils allaient y passer. Ce serait la dernière heure, la boucherie à l'exemple de Kalinine dont tout le monde était informé.

Haape fut le premier à se reprendre. Plus le temps de s'occuper de ses protégés. Il fallait se défendre, l'arme à la main, déposer le bâton d'Esculape et le remplacer par la mitraillette. Il prit à ses côtés son aide le plus fidèle, Heinrich Appelbaum, fils de paysan et borgne, et se tourna vers la porte.

« Je savais que tout allait maintenant dépendre de moi, racontera Haape, je n'avais plus le choix : combattre ou mourir. J'étais le seul officier sur place. Je sentais les yeux de mes blessés se tourner vers moi. La panique n'était pas loin. Quelque chose, un je ne sais quoi en moi me donnait la force de penser froidement. J'envoyai Tulpin s'occuper de la défense de l'arrière. Moi-même, je mis mon casque, me bourrai les poches de grenades et je saisis mon MPI [pistolet-mitrailleur], puis je donnai une tape à Appelbaum. “Allons-y.” Nous poussâmes la porte. Dans la nuit noire, je distinguai deux ombres en face, juste devant nous de l'autre côté de la rue. Appelbaum lâcha une fusée éclairante : deux Russes en face de nous. L'un leva son arme et tira. La balle frappa le bois de la porte. Je le visai et lâchai une rafale de mon MPI, et une deuxième sur le second. Les deux s'effondrèrent. »

« La fusée éteinte, il faisait à nouveau noir. Nos yeux mettaient un temps pour s'y habituer. Il n'y avait plus personne de l'autre côté de la rue, rien que les deux tas dans la neige formés par les cadavres de mes victimes. »

Entre-temps, Tulpin, le seul sous-officier parmi les aides

de Haape, avait fait du bon travail. Suivant les instructions de son chef, il avait désigné parmi les moins gravement blessés ceux qui étaient capables de servir une arme, et six hommes s'étaient présentés spontanément comme défenseurs du poste. Un sous-off de la 9e compagnie, les deux pieds gelés, se fit porter au grenier pour servir le seul fusil-mitrailleur disponible. Un Feldwebel de la 11e, deux balles dans la cuisse droite, s'appuya contre un montant de la porte arrière prêt à tirer à la carabine, oubliant ses douleurs. Les Russes avançaient vers la maison, à travers les petits buissons qui dépassaient l'épaisse couche de neige, par-derrière. Un autre, le bras gauche en écharpe, se plaça derrière une pile de bois de chauffage trouvée au coin de la maison et se servit de son bras valide. Après chaque coup, il devrait coincer son arme à répétition entre ses genoux pour la recharger.

Haape se croyait tout de même encerclé. Abandonné à lui-même, avec son petit troupeau d'éclopés et de mourants. Il se méfiait. Le calme qui était brusquement tombé sur le gros bourg était trompeur. Haape s'efforçait de voir dans le noir. Il croyait distinguer une maison sur sa gauche qui semblait encore occupée par les hommes de son camp. Par contre, sur sa droite, il n'entendait plus rien, pas de voix, pas de coups de feu. C'était pourtant de par là que les deux Russes dont il avait eu la peau étaient arrivés. Ils n'étaient certainement pas seuls. Haape estimait qu'il y avait au moins vingt maisons sur sa droite, vers la sortie ouest du bourg qui était à huit cents mètres et qu'elles devaient servir d'abri aux Russes qui se préparaient à l'assaut contre son poste. Mais où étaient donc Lammerding et Kageneck ? Y avait-il encore quelqu'un au PC du bataillon distant d'une cinquantaine de mètres ? Ou tout le monde était-il mort ?

Brusquement, la voix de Lammerding, venant de la gauche : « Feuer ». Une fusée monta. Une rafale, deux, trois. Une symphonie sauvage de coups et de contre-coups de feu, de balles traçantes dont le phosphore ricochait sur la glace et montait vers le ciel en un feu d'artifice ahurissant. La fusée retombée, le crépitement s'arrêta. Mais Haape était rassuré. Lammerding était là et avec lui ses hommes. Il ne savait pas combien ils étaient encore, mais ils étaient là. Donc, de ce côté-là, pas de danger. Mais à l'ouest régnait un silence oppressant. Pourtant Kageneck lui avait dit que les copains du 37e allaient défendre l'accès ouest du village. Où étaient-ils ? On ne les avait pas encore entendus.

Haape, à demi rassuré, ordonna à Appelbaum de monter la garde devant la maison et retourna auprès de ses blessés.

— Je t'enverrai Petermann dans dix minutes pour la relève.

À peine avait-il eu le temps de faire une injection de morphine à un blessé qui avait eu le ventre ouvert par une grenade, et d'en examiner un autre que l'enfer se déchaîna de nouveau, cette fois-ci à l'ouest de son poste.

— Achtung, les Russes arrivent, dit Appelbaum qui avait poussé la porte d'entrée et se tenait dans l'embrasure.

Haape se précipita, écartant Appelbaum. Ce qu'il vit et surtout ce qu'il entendit le rassura. Venant de l'ouest, au milieu d'un nouveau brouhaha de coups de feu et de vociférations en russe et en allemand, une voix dominait les autres, celle de son ami Franz. Kageneck était en train de vider les maisons qui se situaient entre les gens du 37e et le poste de secours, l'une après l'autre, de ses occupants, des Russes qui avaient dû s'infiltrer venant de Dieu sait où, invisibles dans leur tenue blanche, inaudibles sur leurs souliers de neige. Kageneck avait douze hommes avec lui. En quelques bonds, il arriva chez Haape.

— Attention, Franz, les Russes sont en face de nous, j'en ai tué deux il y a vingt minutes.

— T'en fais pas, mes hommes s'en occuperont. Dans peu de temps un peloton du 37e doit rappliquer chez toi pour protéger ton poste. Je crains une nouvelle attaque sur le milieu du village, venant du nord.

— J'ai la même crainte que toi, Franz. Nous avons pu défendre notre peau au mieux jusqu'à maintenant, mais ils vont certainement revenir. D'ailleurs, Lammerding est là aussi, non loin d'ici, il s'occupe des Ivans qui sont entre lui et Schnitger à l'est.

— Ah bon ? c'est rassurant. Je vais le joindre et nous allons vider le reste du village des Russes pour faire la jonction avec Schnitger et Becker. Bonne chance, Heinz, dans quelques instants les hommes du 37e devraient être là.

Kageneck et sa petite troupe reprirent leur route, dans la lumière irisée faite de fusées, de balles traçantes et de bombes à magnésium utilisées par les hommes du peloton du génie que le colonel Becker avait envoyé en renfort au « petit Becker » qui, lui, se battait toujours tout seul avec une poignée d'hommes sur son point d'appui du sud-est, contre la supériorité écrasante de l'ennemi. Haape entendait les sombres explosions des grenades que les hommes de Kageneck balançaient dans les fenêtres des maisons pour déloger leurs occupants.

— C'est plus facile que je ne le pensais, lui avait dit Kageneck auparavant. Ils commettent une faute. Leur seul désir est de trouver au plus vite un peu de chaleur. Ils ont passé une partie de la nuit dans la neige, donc, dès qu'ils sont en possession d'un abri, ils commencent à se réchauffer au lieu de continuer le combat contre nous. Nous n'avons alors qu'à attaquer leurs maisons, balancer quelques grenades par les fenêtres et abattre ceux qui s'enfuient.

La porte du poste s'ouvrit bruyamment. Dans l'embrasure se tenait Bruno, l'ordonnance de Kageneck.

— Vite, un casque et un flingue. Les Ivans me les ont pris et voulaient m'emmener avec eux.

— Que s'est-il passé, Bruno ?

— Nous étions en train de les foutre en l'air lorsque je me suis trouvé d'un coup, au coin d'une maison, en face d'une troupe de Sibériens. Ils m'ont saisi par le bras. J'ai hurlé de toutes mes forces et en quelques secondes le Herr Oberleutnant était là avec deux copains et ils m'ont récupéré, mais les autres s'étaient sauvés avec mon casque et ma carabine.

Un cheval ne peut pas faire ce qu'un Sibérien fait en hiver. Deux chevaux n'arrivent pas à faire ce qu'un Westphalien est capable de subir. Mais le combat à Shitinkovo, qui durait depuis trois heures déjà, était toujours indécis et voguait entre deux destins, la survie ou l'abîme.

Haape trouva enfin le temps de s'occuper de ses blessés dont le nombre augmentait d'heure en heure. Car à l'est où Schnitger, Becker et Scheiter n'avaient pas pu évacuer leurs blessés depuis le début des combats, s'était ouverte une petite brèche, une brèche de temps et d'espace, et ils avaient pu trouver quelques chariots dans une grange pour charger les plus gravement atteints et les faire conduire jusqu'au poste de secours de Haape. Il n'y avait pas que des mourants sur le carrosse. Il y avait aussi un mort, un cadavre humain transformé en bloc de glace. C'était le corps de Stolze, l'Oberleutnant Stolze, le chef de la 10e que ses hommes ne voulaient pas « enterrer » dans la neige simplement, comme ils étaient obligés de le faire avec tous les autres camarades. Ils voulaient le garder auprès d'eux, l'emmener sur un petit traîneau rapidement taillé dans un tronc d'arbre qui était attaché au véhicule.

— Dites au toubib qu'il nous le garde jusqu'à ce que nous puissions nous occuper de lui, avaient-ils dit au caporal qui assurait le transport des blessés.

Kageneck avait pu se faire une idée plus claire de la situation depuis sa rencontre avec Lammerding. L'ouest du village jusqu'au poste de secours de Haape était à présent libre de l'ennemi. Les quarante hommes du 37e avaient les choses en main de ce côté-là. Chez Haape tout était clair aussi, à part quelques poussées de patrouilles venant du nord que les hommes de son ami pouvaient repousser eux-mêmes. Entre son PC et Schnitger, par contre, et du côté de Becker plus au sud-est, une bonne centaine de Russes sinon davantage étaient encore solidement implantés des deux côtés de la rue principale et près de la bifurcation vers Terpilovo, et empêchaient par leur feu toute tentative de joindre les encerclés. C'était le dernier îlot à éliminer, le dernier verrou à faire sauter, et tout le village serait à nouveau à nous.

Kageneck décida d'employer l'arme dont il ne s'était pas encore servi et qui devait l'emporter. Comme son camarade Höke, le commandant du 2e bataillon, l'avait fait quelques jours auparavant à Ivanitchi, il allait faire détruire les maisons encore occupées par l'ennemi par l'artillerie. Cela avait le double avantage d'aller plus vite et de coûter moins de sang.

Il y avait le risque de frapper ses propres hommes, d'accord. Mais Höke lui avait raconté que les artilleurs du

6e régiment, là-bas, sur leur position de feu derrière la Volga, avaient fait des merveilles et qu'ils étaient dignes de toute la confiance de leurs camarades de l'infanterie. Kageneck discuta le coup avec Surmann, l'officier artilleur de liaison. Les deux hommes grimpèrent au grenier du PC de Kageneck qui surplombait un peu les toits des maisons aux alentours. Ils étaient pressés, il ne fallait pas que les Russes passent de nouveau à l'attaque avant que le coup ne se déclenchât.

Surmann prit les mesures, se fit désigner les cibles de première urgence, passa vite un ordre d'essai en arrière pour s'assurer du bon fonctionnement des communications. Puis il donna calmement son ordre de feu. Quelques secondes plus tard, le premier coup de 150 arriva, rasant presque la tête des hommes qui se pressaient contre les murs des isbas. La salve était un peu courte. La suivante fut la bonne. La troisième, dans un fracas épouvantable, s'abattit de plein fouet sur les chaumières, allumant partout des incendies meurtriers. Les hommes du 3e bataillon, en bas, dans la rue, s'arrachaient les casques d'enthousiasme et saluaient Surmann dans son grenier. Bravo les artilleurs, continuez comme ça, ça va leur apprendre aux Russes de venir nous déranger la nuit...

Kageneck fit signe à Surmann d'arrêter le feu. Encore un tir, le sixième, le huitième et ce fut le silence des armes, remplacé par le crépitement des flammes et les cris des hommes déchiquetés. Les soldats reprirent leur travail, leur horrible travail de nettoyage, leur travail de bouchers à la fois et de sauveurs, jusqu'à la liaison avec leurs camarades encerclés.

Haape avait entendu la canonnade. Il était tout à fait rassuré maintenant et pouvait enfin penser à l'organisation d'un transport de ses blessés graves jusqu'à Terpilovo où l'Oberstabsarzt, Dr Lirow, le toubib chef du régiment, veillait à ce que la correspondance avec l'arrière, avec l'hôpital divisionnaire de campagne à Staritza fût assuré. Haape était en train de renouveler un pansement trempé de sang lorsque la porte s'ouvrit brutalement. C'était encore Bruno.

— Mon lieutenant est blessé à la tête.

— Est-il mort ?

— Non, il est couché dans la neige, mais il respire encore.

— Tulpin, suivez-moi avec la trousse.

En deux ou trois bonds, Haape fut aux côtés de son ami, évitant de justesse une rafale d'un fusil-mitrailleur qui fauchait la rue. Le chef de bataillon était là, deux de ses hommes l'avaient traîné derrière une maison. Il était conscient, mais du sang giclait de sa tempe droite.

— Faut pas s'en faire, murmura-t-il.

Haape se pencha, examina la blessure. La balle n'avait que frôlé la tempe, heureusement. Mais pour l'examiner de plus près il fallait le transporter de l'autre côté de la rue. Ils se mirent à trois pour le sortir de là, collés contre les murs des isbas face au feu de l'adversaire qui restait très dense et nourri.

— J'ai pensé qu'un cheval me donnait un coup de pied à la tête, raconta Kageneck, une fois sa blessure soignée et pansée.

— Tu as eu de la chance, il n'y a que la région temporale qui a été ouverte, c'est pourquoi tu saignes comme une fontaine. Tu es un peu sonné mais ce n'est pas grave, dans quelques jours tu seras de retour parmi nous. J'en suis ravi.

Kageneck, debout, tapota son pansement. Il regarda autour de lui.

— Il y a beaucoup trop de monde ici, tu es fou, c'est très dangereux. Imagine que les Russes nous imitent et te balancent des grenades par les fenêtres, un carnage. Il faut évacuer, au plus vite.

— Je vais envoyer les blessés graves chez le toubib du 37e et les autres, ceux qui peuvent crapahuter, iront chez Lirow à Terpilovo. Juste trois kilomètres. Ils peuvent faire ça à pied, et je vais les accompagner. Tu viendras avec nous, d'ailleurs, quelques jours de repos te feront du bien.

— Tu es fou, que penses-tu, tu crois vraiment que je peux laisser mes hommes seuls ici, au moment où nous sommes en train de jeter les Russes dehors définitivement ? Pas question. Allez, Bruno, passe-moi ma casquette puisque mon casque ne tient plus sur ma tête, et maintenant, nous devons libérer Becker et Scheiter. Allez, Heinz, ne me regarde pas comme si j'étais un fantôme. Tu es responsable de vrais blessés et non pas d'hommes comme moi. »

Haape accompagna son ami jusqu'à la porte et vit sa grosse tête enrubannée de blanc disparaître dans l'entrée du PC. Il avait fait du bon travail, le Dr Haape, la nuit du 26 au 27 décembre 1941. Il avait non seulement soigné, au mieux, une quarantaine de blessés parmi lesquels quelques malheureux de l'autre bord, il avait organisé la défense de son poste avec des estropiés à peine capables de se servir d'une arme, il avait dû tuer lui-même deux ennemis qui menaçaient la vie de ses protégés, et il n'avait perdu qu'un seul homme dans « sa petite guerre privée », un des blessés qui défendaient l'arrière de la maison et qui avait reçu une balle dans la poitrine.

Et maintenant ? Maintenant, l'étau semblait vouloir se desserrer, le bruit de la bataille s'éloignait, le tri était fait entre les mourants et ceux qui avaient une chance de survie ; Haape pensait qu'il pouvait se permettre une détente. Il allait donc accompagner les blessés légers dans leur dangereuse marche vers Terpilovo et rester quelques heures aux côtés de Stabsarzt Lirow, avant de revenir s'occuper de Franz et des autres.

Le plan fut vite exécuté. Deux traîneaux et une carriole, accompagnés par Tulpin et Petermann, allaient transporter les huit blessés graves chez le collègue du 37e, le reste se retrouvant dans la rue derrière Haape pour commencer la marche à travers le désert blanc et effectuer les trois kilomètres qui séparent Shitinkovo de Terpilovo. Haape avait examiné auparavant l'état de la route. Il était mauvais. Les quelques voitures qui l'avaient empruntée la veille avaient tassé la neige au milieu laissant une sorte de piste carrossable d'à peine deux mètres, mais les bords étaient recouverts d'une épaisse couche de neige poudreuse où on s'enfonçait jusqu'au ventre. Appelbaum et son petit cheval « panier » Moritz prirent la tête de la petite colonne, les autres suivant en file indienne, avec Haape en queue. Il fallait surveiller les arrières, les Russes pouvant toujours rôder dans le niemandsland. De plus, un autre adversaire avait fait son apparition ces derniers jours pendant la retraite de Kalinine : les loups. On prit donc des armes et on se dota de grenades.

La marche ne se passa pas trop mal. Beaucoup de blessés étaient pourtant au bord de l'épuisement, physiquement et nerveusement, mais maintenant, ils pouvaient espérer s'en sortir. L'avance était lente. À plusieurs reprises, Haape se retourna pour contempler, de loin, le village qu'ils avaient laissé derrière eux. « Vu à un kilomètre de distance, Shitinkovo faisait penser à une scène dans un film de guerre », écrit-il dans ses Mémoires.

Après avoir veillé à ce que ses protégés fussent bien accueillis, pansés à nouveau et couchés sur la paille du petit hôpital improvisé du Dr Lirow, Haape reprit le chemin du retour. Il se disait qu'on avait certainement encore besoin de lui à Shitinkovo, maintenant que le combat avait cessé...

« Le bruit de la bataille s'était éteint et une lumière gris pâle s'étendait sur les vastes champs de neige autour de moi lorsque je me mis lentement à marcher vers Shitinkovo. Un voile de fumée flottait au-dessus du village, de petites flammèches léchaient les ruines, des obus perdus de pak sifflaient, de temps à autre, au-dessus de la neige. Une image de désolation et d'isolement.

« De loin, sur la route, un petit traîneau avec un cheval venant de Shitinkovo avançait vers moi. Quand il arriva à ma hauteur, j'arrêtai le cocher. Sur le traîneau se trouvait un blessé sous une couverture lui couvrant même la tête. Je ne connaissais pas le soldat cocher, il était du régiment 37.

« “Comment ça va à Shitinkovo ? demandai-je.

« — Tout va bien. Il n'y a plus de Russes, répondit-il. Le Dr Freeze m'a chargé d'amener ce blessé aussi vite que possible au poste de secours principal.

« — Et qui est-ce ?

« — Je l'ignore, il n'est pas de notre régiment.”

« Je me penchai sur le traîneau et repliai la couverture. Je vis tout de suite que c'était un blessé très grave qui allait prendre congé de notre monde.

« C'était Kageneck.

« “Franz”, criai-je affolé, et encore une fois avec insistance : “Franz.”

« Mais sa respiration était laborieuse et il ne pouvait plus m'entendre.

« Je me mis à genoux et examinai la blessure. Une balle l'avait frappé à la tempe gauche et était ressortie par la tempe droite. Il n'y avait donc aucun espoir. L'Oberleutnant Franz von Kageneck était mortellement blessé d'une balle dans la tête.

« Je me rendis douloureusement compte que le pansement que je lui avais fait après sa première blessure devait probablement être la cause indirecte de sa mort. Un quelconque Russe avait dû voir cette grande tache blanche, une cible trop facile. Lorsque je remis la lourde couverture de laine sur la tête de mon ami, ma main trembla pour la première fois en Russie. »

Haape ordonna au soldat étranger de le suivre sur la route de Staritza, où il y aurait peut-être encore un mince petit espoir de sauver le mourant. « Mon cerveau de médecin me disait qu'il n'y avait plus rien à faire pour lui, mais mon cœur espérait contre toute raison pour mon ami », écrit-il.

Les deux hommes se lancèrent sur la route de Staritza, dépassant Terpilovo, faisant attention à chaque dénivellation pour épargner des secousses au blessé qui respirait toujours. Au bord du lit de la Volga en glace, ils freinèrent le traîneau sur la descente raide de la rive et escaladèrent ensuite la rive d'en face. Arrivés en haut, Haape réalisa que l'entreprise n'avait plus aucun sens. « J'écrivis en toute hâte un petit mot pour l'Oberstabsarzt Schulz dont je savais qu'il connaissait Kageneck, le fixai à la tunique du blessé et ordonnai au soldat de poursuivre seul sa route. Puis je jetai un dernier regard sur Franz, prenant congé de lui. Il respirait encore proprement et régulièrement. Mais pour lui, la Russie, l'avenir de notre peuple, le 3e bataillon et ses amis appartenaient déjà à un autre monde. Le cheval se mit en route. Je restai sur les bords de la Volga et suivis le traîneau du regard jusqu'à ce qu'il disparût à l'horizon. »

La famille a reçu des témoignages sur les derniers instants de l'officier, quelques semaines plus tard : du Dr Schulz qui lui ferma les yeux, de l'aumônier catholique de la division, le baron Geyr von Scheppenburg qui avait dit les prières, de son ami Georg von Boeselager qui avait combattu jusqu'au bout à ses côtés, de l'infirmier qui avait monté la dernière garde à son lit de mort. Tous louèrent les qualités de chef du défunt, son humanité et sa faculté de rire de soi-même et de faire rire les autres.

Le 3e bataillon eut le rare honneur d'être mentionné quelques jours plus tard dans le bulletin quotidien du haut commandement de la Wehrmacht, pour son combat exemplaire à Shitinkovo. Son commandant ne l'a pas entendu.

Cinquante ans après la guerre, la famille reçut une lettre qui l'éclairait sur les ultimes moments de l'existence de l'Oberleutnant. Elle émanait d'un ancien Feldwebel appartenant jadis au service d'intendance de l'hôpital de campagne où Kageneck était mort. Cet homme avait essayé, dans le trouble immense qui avait saisi les troupes allemandes en train de se retirer, en hâte, de cette ville, devant l'Armée rouge à leurs trousses, de trouver un véhicule pour transporter le corps de l'officier au petit cimetière de la ville situé au pied d'une vieille église. Ne trouvant rien, il l'avait porté sur ses épaules jusque-là. Quelques soldats étaient en train de remplir hâtivement une fosse commune de quelque trente cadavres de camarades morts durant les derniers jours de l'hôpital. Il n'y avait plus beaucoup de place, ni beaucoup de temps, car le bruit de l'armée ennemie s'approchant de la ville se faisait déjà entendre. Le brave sergent avait jeté sa charge sur les autres restes humains, et les fossoyeurs avaient enseveli le tout sous de la terre et de la neige. Il ne restait plus de temps pour planter une croix. Cela aurait été en tout cas inutile car l'armée victorieuse avait pris l'habitude d'éliminer toute trace de l'envahisseur, en passant avec ses chars sur les tombes.

Haape retrouva Shitinkovo dans un état désolant : des tas de cadavres partout, russes et allemands mélangés, unis dans la mort. Dans un de ces tas il avait découvert Bruno, couché sur le dos, les yeux glauques, ouverts, tournés vers le ciel. Le brave compagnon avait trouvé la mort aux côtés de son maître.

Le lendemain, ordre arrivait chez Lammerding qui avait pris la succession de Kageneck d'abandonner Shitinkovo à l'ennemi et de suivre, dans le cadre d'un vaste mouvement de retraite de la 9e armée, les autres bataillons du régiment sur la route de Staritza. La « Staritza Linie » était abandonnée en faveur d'un recul sur la « ligne Königsberg » bien plus en arrière. Tout avait donc été vain, les sacrifices, l'héroïsme, l'abnégation, la foi et la camaraderie, en vain tous ces morts. Les lois de la guerre sont impénétrables comme le sont celles de la stratégie. Le sens du sacrifice devient dérisoire, l'homme une quantité négligeable, la vie bon marché, très bon marché.

Lorsque le 3e bataillon, dans la matinée glaciale du 28 décembre, quitta le village où il s'était battu avec bravoure, ses effectifs étaient encore de soixante-sept hommes. Ce n'était pas assez pour former une compagnie. Les hommes, fatigués et mal nourris depuis des jours mirent quatre heures pour faire les dix kilomètres jusqu'à Staritza. Parmi eux, un caporal tirait un petit traîneau avec une grande forme humaine en son creux... C'était le cadavre de Stolze, le commandant de la 10e. Le froid l'avait bien conservé. L'histoire ne nous raconte pas où ses hommes l'ont finalement confié à la terre, à la terre gelée de Russie. Sans doute est-ce la neige qui le recouvrit définitivement.

À l'entrée de Staritza, une voiture était garée au bord de la route. Un homme s'y tenait debout. C'était le colonel Becker, « Corle » Becker, le commandant du régiment, qui attendait les hommes du 3e bataillon. Lammerding, à leur tête, avait reconnu le premier le vieux monsieur et commandé la marche serrée. Le colonel porta lentement la main droite à sa casquette et salua ses soldats. Et ceux-ci, en défilant devant lui, pouvaient voir de grosses larmes couler le long de ses joues.

7

« Je ne trouve plus la sérénité, ni en moi-même, ni autour de moi », écrit Jörg von Kalckreuth, toujours aide de camp du colonel Becker, le 30 décembre 1941 à sa femme. « Nous vivons des jours indescriptibles dont on ne voit pas la fin. Jamais je n'aurais cru possibles de tels combats. Nos hommes se dépassent tous les jours. Même si nos pertes sont relatives par rapport à celles de l'adversaire, chacun des nôtres qui tombe est irremplaçable. Et chaque mort est un déchirement. Stolze qui m'a formé en 1937/38 a été tué avant-hier et mon ami Kageneck a été blessé, la nuit dernière, si gravement qu'il ne sera probablement plus parmi les vivants à l'heure où je t'écris. Notre bande maintenant est toute rétrécie, toute petite... »

Haape était à bout de nerfs. « Les deux derniers jours m'ont causé les plus graves bouleversements depuis le début de la guerre, confie-t-il à son Journal. Jusqu'à la bataille de Shitinkovo, le fait de pouvoir compter de bons amis dans le bataillon avait en quelque sorte diminué en moi la cruauté de la guerre. Les efforts étaient plus faciles à fournir car on les savait partagés par les camarades. La bonté naturelle de gens comme Kageneck ou Stolze avait facilité la lourde charge de mes responsabilités. Et maintenant ils sont tombés, comme beaucoup d'autres avec lesquels j'avais noué des liens d'amitié. Il n'est plus possible de remplir les vides. Je ne veux plus tout le temps dire adieu à des amis bons et dévoués. J'ai donc pris la décision de ne plus me lier sentimentalement avec quiconque aussi longtemps que durera cette guerre. C'est un acte d'autodéfense. »

Mais quelques jours plus tard, pendant la terrible retraite du régiment, sur la nouvelle ligne de défense autour de Rjev, le vieux colonel Becker intervint pour enrayer le désarroi de son ami médecin. Il avait surpris Haape et Kalckreuth en train de pleurer la disparition de tant d'amis.

— Écoutez messieurs, dit-il, je vous comprends et je respecte vos sentiments. Pendant la guerre 14/18, j'ai eu souvent le même état d'âme. Mais un soldat doit apprendre que mourir est la chose la plus naturelle dans une guerre. Si nous ne voulons pas que la mort prenne complètement possession de nous, nous devons l'accepter comme une chose naturelle qui peut frapper à chaque instant, soit chez nous-mêmes soit chez nos bons camarades. Et si elle frappe nous ne devons pas y prêter attention si nous voulons tenir le coup dans cette guerre jusqu'au bout.

Et Haape d'ajouter dans son Journal : « Dans un premier temps je trouvai ce point de vue froid et répugnant. Mais plus tard, j'ai dû me rendre compte que le vieux colonel avait parfaitement raison. »

Le sort de la guerre avait bien changé en cet hiver 1941/42. D'une armée victorieuse habituée aux avances faciles, aux coups de boutoir dévastateurs et aux grands mouvements enveloppants, la Wehrmacht était devenue une armée vulnérable, privée partiellement d'initiative, réagissant, souvent de façon improvisée, aux attaques d'une armée adverse qui avait retrouvé sa confiance en soi. Une armée qui semblait profiter de réserves inépuisables pour pallier les pertes considérables que lui infligeait la Wehrmacht. L'armée allemande se battait contre une hydre qui se nourrissait d'un espace de vingt-deux millions de kilomètres carrés, habité par deux cent trente millions d'hommes aux quatre-vingt-dix nationalités, tous soumis au dictateur du Kremlin. Une hydre nourrie, à partir de 1942, par la machine de guerre américaine devenue amie et partenaire. Et si l'envahisseur trouvait encore la force de lui couper une tête, neuf autres allaient lui pousser la seconde après.

Surpris par la violence de la riposte de l'Armée rouge devant Moscou, le haut commandement de la Wehrmacht s'était vu contraint de changer sa stratégie. Il fallait choisir : reprendre l'offensive contre la capitale au printemps, ou porter désormais le plus grand effort vers le sud, vers la conquête des riches réserves en minerais, pétrole et blé de la région caucasienne, plus importante pour l'économie de guerre du Reich en fin de compte qu'un succès de prestige devant Moscou.

Le Führer, toujours enclin à la « guerre économique » à laquelle, selon son intime conviction, ses généraux ne comprenaient rien, décida en faveur de la deuxième solution. La Wehrmacht, comme le constate l'historien Philippe Masson*, se scindait en deux. Une armée devenue statique, immobile, se retranchant, telle son ancêtre à la guerre 14-18, dans des positions fixes de défense, et une armée mobile, élitiste, composée des meilleures divisions blindées et mécanisées pour la nouvelle grande offensive au sud qui devait les porter aux portes de l'Asie.

Le groupe d'armées centre avait subi les plus graves revers et les coups les plus durs. Affreusement secoué, il avait dû se retirer de plus de deux cent cinquante kilomètres, des portes de Moscou jusque sur une ligne allant du lac Peïpous au nord jusqu'à la grande ville d'Orel au sud, avec en son centre le verrou principal formé par les trois villes Rjev, Ssytshevka et Viasma, à l'ouest de Moscou. Ce verrou central avait été soi-disant préparé à l'avance pour la défense, mais en réalité il ne contenait que quelques villages fortifiés et un petit nombre de points d'appui le long du chemin de fer et de la route qui liaient les trois villes entre elles.

Pivot du dispositif et pierre angulaire de toute cette « ligne Königsberg », la ville de Rjev serait la cible d'innombrables et farouches assauts de l'Armée rouge pendant les quinze mois qui allaient suivre. Dans la mémoire des survivants des deux côtés, elle fut le Verdun de la Deuxième Guerre mondiale. Rjev était située sur la Volga supérieure, telle sa petite sœur Staritza à quelques kilomètres plus au

* *Histoire de l'armée allemande,* 1939-1945, Perrin, 1994.

nord-est, elle possédait une richesse archéologique remarquable faite de magnifiques édifices religieux transformés par le régime communiste en dépôts ou en cinémas.

L'échec de la Wehrmacht devant Moscou entraîna des sanctions. Le responsable suprême devait payer de sa personne. Le Generalfeldmarschall von Bock fut remplacé le 29 décembre par le maréchal von Kluge qui avait commandé la 4ᵉ armée devant Moscou. Le général Strauss commandant la 9ᵉ armée, malade et moralement ébranlé par la retraite de Kalinine, remplacé par un homme dont on avait commencé à parler : le général des Panzertruppen (troupes blindées), Walter Model, qui avait conduit la fameuse 3ᵉ division blindée, celle de Berlin, jusque devant Moscou. Il s'était fait une réputation d'homme dur, voire brutal, menant ses hommes au fouet, mais avec un cœur d'or, se souciant de ses plus humbles soldats. Model devait se tirer une balle dans la tête en avril 1945, ne pouvant pas supporter la capitulation de son groupe d'armées ouest dans une forêt de la Ruhr. Mais ici, devant Moscou, dans cette bataille défensive qui durait depuis quarante-cinq jours et menaça trois fois de basculer, il fut l'âme de la résistance, l'impitoyable père Fouettard pour quiconque cédait à la faiblesse, le Pétain de Rjev.

Parmi les six divisions allemandes qui défendirent le secteur de Rjev jusqu'à la fin de la bataille en mars 1943, se trouvait la 6ᵉ division de Bielefeld, et en son sein, comme toujours, le 18ᵉ régiment d'infanterie du colonel Becker.

Becker n'avait pas beaucoup de temps pour verser des larmes sur la bravoure de son 3ᵉ bataillon. Le Russe était là à leurs trousses, poussant de trois côtés vers Staritza en proie à la panique, remplie jusque dans le dernier grenier de troupes d'étape, intendance, boulangeries, services de réparations, trains de toutes sortes et de blessés, surtout de blessés. C'était un goulot d'étranglement pour trois divisions en retraite sur la « Panzerstrasse » venant de Kalinine utilisant, dans un désordre indescriptible, les deux ponts sur la Volga se trouvant dans l'enceinte de la ville. Une Volga profondément encaissée des deux bords, presque infranchissable en hiver avec ses accès aux ponts pris dans les glaces par moins 45.

August Freitag, caporal-chef de la 14e compagnie et chef de pièces de la section des obusiers lourds de 150, déjà cité, nous a laissé une description et un récit de cette retraite devant et à travers Staritza.

« Dans la poudreuse, on ne pouvait plus beaucoup avancer. Souvent, je tombais, et les copains devaient me remettre sur les pieds. Nous étions fatigués comme des chiens et avions une faim de loup. Il fallait inlassablement se frotter les yeux pour empêcher la formation de glace. Le passe-montagne baissé jusque sous les yeux et une grosse stalactite sous le menton, nous nous traînions en avant. On était tout le temps tenté de s'asseoir sur l'affût du canon, mais très vite on sentait toute vie quitter nos membres. Un camarade voulut monter sur son cheval seulement pendant cinq minutes. Je l'avais prévenu. Il a payé son imprudence de six mois d'hôpital et d'un pied amputé... Souvent j'ai dû penser à Napoléon. Quel allait être notre destin ? Allions-nous encore nous arrêter quelque part ? Le pire à craindre était la blessure grave ou la captivité... Tout le long de notre route, je voyais des camions portant l'inscription “faire sauter”. Mais si leurs occupants n'avaient pas trouvé le temps de faire le boulot, comment, nous, pourrions-nous le faire ? »

Haape se trouva avec deux autres médecins à ses côtés en face de mille blessés entassés dans les maisons, granges et autres hôpitaux de fortune de Staritza. Comment les évacuer tous ? Schulz, découvert dans l'hôpital près du fleuve où Kageneck avait rendu l'âme, était résigné à abandonner la moitié d'entre eux au vainqueur et à rester avec eux, comptant sur la mansuétude de celui-ci. Mais Haape, qui avait retrouvé tout son moral et toute son énergie, lui rappela Kalinine et le persuada de l'aider à l'organisation des transports. Ils réussirent l'impossible en forçant chauffeurs de camions, conducteurs d'attelages et personnel du chemin de fer russe à leur abandonner, souvent sous la menace de leur pistolet, véhicules, chariots et wagons pour y mettre leurs blessés. Schulz et Haape travaillèrent toute la nuit du 31 décembre, à la lumière de maisons incendiées par l'artillerie ennemie ou leurs propres groupes de destruction. Au petit matin du 1er janvier, tout était fini. Mille blessés trouvèrent place à bord de transports de fortune et roulèrent vers le sud, utilisant rail et route. Pas un seul n'était resté en arrière.

Les deux médecins n'auraient pas pu réaliser leur exploit sans l'extraordinaire courage de leurs camarades du 18e régiment qui, en se déployant le long de la lisère sud-est et est de la ville, avaient interdit l'accès du centre à l'ennemi. Surtout le 2e bataillon qui, sous la conduite de l'inébranlable commandant Höke, livra un combat exemplaire contre un adversaire trois fois supérieur avant de se retirer, au bout de quatre heures d'engagement et au milieu de la nuit de la Saint-Sylvestre, sur la rive ouest de la Volga. Il avait emprunté le centre de Staritza et ainsi permis aux autres unités du régiment, engagées plus au nord, de rallier la route de la retraite vers Rjev. Höke avait perdu trois de ses officiers dont le lieutenant Cuypers, fauché d'une balle dans la tête au moment où il s'occupait d'un de ses blessés. Huit autres de ses soldats avaient perdu la vie et vingt-deux autres furent blessés. Un nombre considérable pour une troupe qui vivait depuis trois semaines sur ses réserves en hommes, en munitions et en vivres, et ne voyait venir ni remplacement, ni ravitaillement à l'horizon.

Le régiment se retrouva « au complet » le matin du 1er janvier sur la « Panzerstrasse » en direction de Rjev. Les hommes avaient encore une marche de douze kilomètres à effectuer ce jour-là, avant de pouvoir, enfin, prendre quelques heures de repos sur une nouvelle ligne faite de quelques misérables villages autour du gros bourg de Malachovo, situé à quelque quinze kilomètres de Rjev. On leur avait expliqué que cette ligne ferait partie de la légendaire « ligne de Königsberg » qui devait arrêter une fois pour toutes l'avance de l'Armée rouge. Elle était suffisamment fortifiée et préparée pour rendre cet ordre exécutable aux troupes de la 9e armée.

Le journal du régiment note au 2 janvier 1942 : « La troupe respire. Enfin un front fixe. Mais la déception est grande. À part quelques points d'appui improvisés, guère de blockhaus et de tranchées. Les secteurs de défense des compagnies sont larges de 800 mètres, et ces 800 mètres doivent être interdits à l'ennemi avec des effectifs tombés par compagnie, à 50 % de leur force de combat, à savoir environ 40 à 50 hommes. Ceci est juste suffisant pour servir six fusils-mitrailleurs.

« Pire encore, poursuit le journal, fut le fait que nous étions obligés, pour ne pas nous faire surprendre par l'ennemi, d'installer des postes d'observation avancés, à des dizaines de mètres à l'avant de nos positions. Ces postes devaient être occupés par deux hommes par position dont la tâche principale consistait à se réchauffer mutuellement et à s'empêcher de s'endormir, tant la fatigue était extrême et le froid très rude. Il arrivait néanmoins souvent que ces postes fussent submergés par les Russes, sans combat car les occupants avaient succombé, soit à la fatigue, soit au froid... »

La « suite des événements » fut une longue traversée de l'enfer, une interminable succession de peines et de souffrances dont un homme de la fin du xxe siècle est incapable de saisir le degré, un cauchemar qui quotidiennement devenait réalité, un monde transformé en fournaise où les hommes brûlaient comme de la paille ou se transformaient en barres d'acier.

La première attaque contre le régiment 18 intervint dans la soirée du 2 janvier 1942. La dernière se termina dans la soirée du 30 mars 1943. Entre les deux on déplora la mort de 17 officiers et de 376 sous-officiers et hommes. Le nombre total des pertes du régiment 18 à la fin de 1942 était de 746 hommes. Le premier des officiers tués fut l'Oberleutnant Grote, chef de la 6e compagnie. Le soir du 2 janvier 1942, il fut blessé pour la quatrième fois depuis le début de la campagne de Russie. Mais cette blessure lui fut fatale. Il avait conduit une contre-attaque de sa compagnie. Quelques jours plus tard, ce fut le tour du lieutenant Ohlig, chef de la 11e compagnie ; il fut criblé de balles de kalachnikov pendant la défense du village de Gridino. Non loin de lui, Lammerding, un des héros de Shitinkovo, était fauché par une balle au cours de la même attaque russe. Ses hommes parvinrent à évacuer leur chef gravement blessé. Dix jours durant, du 3 au 13 janvier 1942, le régiment fut l'objet d'incessantes attaques. Le Russe sentait qu'il était en train de prendre l'avantage dans cette lutte inégale. Il savait que l'adversaire était au bord de l'effondrement, qu'il avait commencé à courir et qu'il fallait absolument l'empêcher de se fixer à nouveau quelque part.

Mais les Allemands s'accrochaient. Ce n'était plus que des fantômes, mais ils tenaient. La discipline aussi tenait, et la camaraderie, l'abnégation extrême. Les armes tiraient ou ne tiraient pas, tant pis. On avait les mains pour planter la baïonnette dans la poitrine d'un Russe ou pour lui balancer une grenade à la figure. On versa de l'essence sur les mitrailleuses et on y mit le feu. Cela chauffait quelques instants le métal et permettait à la culasse de glisser, de lui faire cracher six cents balles à la minute et de coucher quelques dizaines de Russes dans la neige.

Ah ! c'était terrible les Russes. Combien y avait-il de morts devant nos positions ? Deux cents, trois cents, cinq cents ? Le plus pénible, c'était leurs blessés. Après chaque attaque repoussée, le soir, dans le noir, on les entendait crier, dehors, dans la neige. « Pan ! Pan ! » (Seigneur ! Seigneur !). « En été, nous pouvions parfois nous occuper d'eux, note quelqu'un dans le journal du 2e bataillon. Mais maintenant avec deux mètres de neige et nos propres pertes qui augmentent tous les jours, nous devons laisser ces pauvres diables à leur destin. D'ailleurs, la neige les ensevelit vite, et puis nous ne les entendons plus. »

Mais avec tous ces morts russes, avec ce véritable mur de cadavres, érigé petit à petit après chaque victoire défensive, un autre problème allait bientôt se poser. Au printemps, dès que le général hiver commencerait à desserrer ses griffes, à ce moment, tous ces cadavres se décomposeraient d'un seul coup, et on pouvait imaginer quelle serait à ce moment l'atmosphère dans laquelle devraient vivre les défenseurs.

Le régiment avait tout prévu dans ce cas. Sur le mot de passe « fièvre de printemps », les unités reculeraient de deux kilomètres et occuperaient une ligne préparée le long de la lisière d'un gros massif dans le hinterland, à mi-chemin de la Volga et de la ville de Rjev.

Lors d'une visite au front, le Dr Haape se fit expliquer par le lieutenant Kluge de la 11e compagnie comment les choses allaient se passer.

— Regardez dans vos jumelles, là-bas devant le petit buisson à moitié couvert de neige, vous voyez un petit pieu qui dépasse. Il fait partie de notre système de barbelés qui déclenche l'alerte dès qu'un Russe le touche. Eh bien, ce n'est pas un pieu mais le bras d'un Russe mort. Le jour où le bras tombera, nous saurons que le temps n'est pas loin où nous devrons quitter notre position.

Depuis le début de janvier, l'hiver s'était encore aggravé. La neige tombait sans cesse, et le thermomètre frisait les 50° sous zéro. Le ravitaillement n'arrivait plus. Les hommes souffraient en permanence de la faim. On dut avoir recours au dernier des « braves camarades à quatre pattes » qui avait héroïquement tenu le coup, souvent très durement, depuis la Prusse-Orientale. Mais comment abattre un cheval dehors, par moins 50° ? Haape ne vit qu'une solution : amener la pauvre bête à l'intérieur d'une maison russe, un intérieur composé d'une seule pièce au ras de la terre, d'une pièce d'une superficie telle qu'un cheval avait à peine la place de se tenir debout, et encore moins les deux hommes qui devaient faire la sinistre besogne.

Et pourtant, Heinrich Haape et Heinrich Appelbaum le firent, le matin du 17 janvier 1942, dans une maison de Malachovo, derrière le front allemand, non loin de la maison où Haape avait établi son poste de secours, toujours plein de blessés et de gelés qui n'attendaient que de pouvoir se mettre un bout de viande sous les dents.

Ils mirent d'abord une heure pour pousser la bête à l'intérieur de la petite maison et une heure pour la faire passer de vie à trépas, ensuite il durent la dépecer et en gardèrent les deux cuisses qu'ils confièrent, comme Haape le raconte dans ses mémoires, « au réfrigérateur naturel ». Appelbaum n'avait pas pu sauter à temps sur le grand four de la pièce pour éviter un coup douloureux de l'animal se débattant dans son agonie.

On ne se faisait plus de cadeau, plus de pardon. On n'avait plus le temps d'y penser. Entre Gridino au nord et Malachovo, cinq kilomètres au sud sur la route de Rjev, les combats faisaient rage, créant une marée de sang et de glace, en avant, en arrière. Les bourgs changeaient d'habitants au gré du jour et de la nuit, laissant chaque fois une véritable hécatombe sur le carreau. Quarante Russes massés dans trois maisons à la fin de la contre-attaque farouche des Wesphaliens, au centre de Gridino ? Tant pis. On brûlera les maisons et les occupants avec. Un jour, trois hommes de la 6e compagnie manquèrent au petit matin, après une attaque russe devant Klipokovo, à la limite gauche du secteur. Mais on alla les chercher. Il ne fallait laisser personne aux mains des autres. Trois hommes partirent. Ils trouvèrent deux morts. Le troisième arriva à leur rencontre en titubant. Les camarades pensèrent qu'il avait dû boire tellement il bégayait. Mais ce n'était pas cela. Les Russes lui avaient enfoncé les deux yeux avec un couteau et l'avaient renvoyé vers les lignes allemandes.

— Va raconter à tes camarades comment nous traitons les cochons fascistes, lui avait lancé l'un d'eux en allemand.

Ce 26 janvier fut encore une terrible journée pour Haape. C'était son anniversaire. Becker, le colonel, l'avait invité à son PC à Malachovo pour boire une bouteille avec lui. Vers 16 heures, le téléphone sonna. « Assistenzarzt Dr Haape tout de suite retour à Gridino. Remplacer Stabsarzt Lirow tombé. »

Ce n'était pas seulement Lirow, son ami de Shitinkovo qui était mort, mais encore le Dr Schüssler, du régiment 37, tombé à côté de lui, le ventre ouvert par une volée de shrapnels. Deux médecins tués en première ligne dans la même journée. Les deux cadavres avaient brûlé dans leur maison en flammes.

Haape était furieux. On lui avait promis six jours de repos, et maintenant ces disparitions remettaient tout en question. Par-dessus le marché, l'obus d'un mortier russe le toucha à la jambe pendant sa marche d'approche, dans la grande plaine entre les deux villages. L'attaque des Russes dans la matinée avait fait vingt-quatre morts, dont trois officiers et autant de blessés entassés dans un poste de secours improvisé : cris, gémissements, râles, et une odeur pestilentielle. Aucun de ces hommes n'avait pu changer de linge depuis trois semaines, ni retirer ses bottes. Au moment de son départ précipité de Malachovo, Haape ne pouvait pas savoir que tout l'équipement de ses deux confrères morts avait brûlé avec eux : les instruments chirurgicaux, les médicaments, les stérilisateurs, les pansements. Comment allait-il faire pour soigner deux dizaines de blessés avec quelques paquets de gaze et quelques pinces trouvées dans sa trousse ?

Un rapide examen des cas les plus graves avait établi un constat désespérant. Il y avait là deux « ventres », une « tête » et quatre « poumons », tellement atteints qu'ils étaient presque sans espoir. Cinq autres soldats avaient de grosses blessures aux membres. Pour empêcher une hémorragie, les trois aides médicaux du régiment 37 restés sur place leur avaient posé un garrot, mais chaque fois qu'ils l'avaient desserré, le sang giclait à nouveau. On risquait la gangrène ou la perte du membre par le froid.

Une jambe ne tenait plus que par quelques morceaux de chair qu'il coupa rapidement avec son couteau de poche, désinfecté dans une casserole d'eau bouillante. Pour recoudre la peau autour du genou, il se servit de quatre bouts de ficelle trouvés dans sa poche, stérilisés de la même manière. Lorsque l'aide médical qui l'assistait commença à tourner de l'œil, il lui lança :

— Tournez la tête pour que le vomi ne tombe pas sur la plaie.

Le blessé n'avait pas poussé un cri. On lui avait administré un simple verre de schnaps. Il survivra à la guerre et donnera à son fils le prénom de Heinrich, en souvenir de l'homme qui l'avait opéré une nuit, là-bas, dans un autre monde.

C'est une autre face de la guerre, une face peu connue mais combien héroïque, ce monde occulte de la médecine des tranchées, méritant autant de louanges que le combat des soldats. Les exemples d'interventions hasardeuses effectuées par Haape et ses semblables, pratiquées presque toujours à la lumière tremblante d'une lampe de fortune et dans un local dérisoire, avec les moyens du bord et souvent sous le feu ennemi, pourraient à eux seuls remplir un livre. Combien de vies ont été ainsi arrachées à la mort ? Que penser de ce soldat inconnu du 2e bataillon du 18e qui, pendant la terrible bataille de l'été 1942 à Rjev, vit son commandant Höke s'effondrer à côté de lui gravement blessé d'un éclat d'obus à la tête et qui retira son caleçon pour panser son supérieur parce qu'il ne trouvait pas, dans la précipitation, son paquet de gaze réglementaire ? Höke survécut deux années grâce à l'imagination et la présence d'esprit de son soldat. Deux années seulement. La mort le rattrapa à la tête de son régiment sur la Bérézina, englouti dans le cataclysme des armées du centre.

Même l'enfer finit un jour. Mais il se termina par à-coups. Fin janvier, le régiment 18, retiré du front pour quelques jours de repos et cantonné à l'ouest de Rjev, fut à nouveau alerté. Les troupes du maréchal Koniev avaient percé les minces défenses de la 256e division allemande, au nord-est de la ville. Elles avaient ensuite contourné Rjev par le nord et, dans un mouvement tournant vers le sud, tenté d'encercler la ville. Les redoutables T34 étaient là, très à l'aise dans la neige avec leurs larges chenilles, et firent un désastre parmi les unités de l'intendance de la 9e armée. Le nouveau commandant de la 6e division, le général Grossmann, ordonna à son chef d'intendance, le commandant Disselkamp, de rassembler tous ceux qui pouvaient se servir d'une arme et de se porter à la rencontre de l'ennemi. Celui-ci était grandement supérieur et utilisait largement pour la première fois sa nouvelle aviation partiellement fournie par les alliés américains, des bombardiers B26 par exemple, mais aussi les chasseurs-bombardiers soviétiques Sturmovik qui ne devaient rien aux Stukas de la Luftwaffe.

La lutte fut longtemps indécise. Mais les Allemands l'emportèrent encore une fois, avec l'aide de « bataillons de marche » amenés à Ssytshevka par des avions Junkers 52 et grâce au nouveau « Sturmgeschütz », canon d'assaut à profil bas dont le canon de 75 perçait les T 34 à moins de mille mètres.

Le 18e était dans la mêlée avec ses 1er et 2e bataillons à peine reconstitués à l'aide de maigres « ersatz » venus d'Allemagne et son 3e bataillon, celui de Shitinkovo, transformé par manque d'effectifs en « groupe de combat ». Ce bataillon en était à son sixième commandant en quatre semaines. Rien n'illustre mieux l'hémorragie qu'a subie cette unité. Les Russes pénétrèrent dans les faubourgs occidentaux de Rjev et ce fut la 2e SS-Panzerdivision « Das Reich », devenue tristement célèbre à la fin de la guerre à

Oradour-sur-Glane, qui, arrivant avec ses chars Mark IV tout neufs et ses redoutables canons « Flak » de 88, parvint à les déloger et à fermer le trou béant que l'attaque-surprise de Koniev avait ouvert dans le front allemand.

Walter Model s'était montré le plus fort. Il réussit même à encercler les six divisions russes qui s'étaient risquées un peu trop loin à l'ouest de Rjev et les détruisit l'une après l'autre entre le 5 et le 17 février, faisant quarante mille prisonniers. « Un homme avec des nerfs d'acier », note le journal du 18e régiment. « Presque chaque jour, il arrivait sur le front. Il atterrissait avec son petit avion de liaison "Fieseler Storch" [La Cigogne, du constructeur allemand Rudolf Fieseler], ou arrivait en voiture, à cheval ou à skis. Sa résistance physique et son énergie étaient uniques. Il n'y avait pas un point critique où il ne fît brusquement son apparition. Il se jetait parfois par terre, à côté d'un tirailleur couvert de boue, et s'enquérait de ses problèmes et de ses soucis de famille. Son cœur appartenait à ses soldats. C'est à eux qu'il devait demander le sacrifice suprême. Il a payé de sa propre personne jusqu'au bout. »

L'alerte avait été chaude. Si Rjev était tombé, c'était tout le verrou central du front centre qui se serait effondré. En fin de compte, tout le monde avait gardé son sang-froid. Le caporal Albert Unkelbach, de la section montée de l'état-major du régiment 18, a vécu ces journées terribles de fin janvier 1942.

« Nous étions à 25 kilomètres du front et nous avions toutes les raisons de nous sentir en sécurité. Notre section s'était répartie avec ses chevaux dans trois petits villages. Nous étions juste en train de nous établir dans nos quartiers, nullement préparés à un combat, lorsque brusquement, le Russe fut là. Il avait envahi les deux premiers villages sans coup férir. Nous ne pouvions qu'alerter nos camarades dans le troisième village. Ils parvinrent à se sauver avec leurs chevaux et leurs voitures. Le Russe utilisait pour la première fois massivement ses orgues de Staline. Mais, par miracle, nous avions pu contenir l'attaque ennemie. Nos pertes furent terribles. Sur les cinquante camarades de notre section, quinze seulement purent sauver leur peau. Beaucoup étaient tombés parce qu'ils avaient revêtu des vêtements de Russes morts, à cause du froid intense, et on avait dû les prendre pour des Russes... »

Pour la première fois depuis le début de la campagne, des unités signalèrent des pertes par morts de faim. Les corps mal nourris et sans cesse exposés au froid ne tenaient pas le coup. On trouva des soldats morts dans leurs trous sans avoir été touchés par le feu ennemi. Ce n'était pas étonnant. Au pire de la crise, lorsque les éléments avancés de Koniev avaient atteint la ligne de chemin de fer Rjev-Ssytshevka-Viasma, le ravitaillement de la 9e armée avait été coupé pendant trois jours. Dans les unités, on avait dû réduire et étaler de cinq à huit jours les rations de pain. Il n'y avait plus de chevaux à abattre. Et puisque toute la population avait fui la zone des combats, il n'y avait plus rien à se mettre sous la dent de ce côté-là. Jamais l'armée allemande n'avait été aussi éprouvée.

Walter Model avait présenté ses félicitations à ses soldats. Dans un ordre du jour daté du 25 février 1942, le commandant suprême de la 9e armée avait écrit : « Vous avez dû mener un triple combat, contre les éléments, contre l'ennemi et contre la pénurie des moyens. Ce que le soldat allemand a accompli au cours de cette incessante bataille de quatre semaines en plein hiver contre un adversaire plusieurs fois supérieur en hommes et en matériel va entrer dans l'histoire allemande. »

Mais non, rien n'entrera dans l'histoire allemande. Le général se trompait. Personne ne chantera la gloire de ces soldats de la bataille de Rjev, comme on chante Verdun en France ou les Flandres en Angleterre. Aucune école n'enseignera cette victoire défensive aux futurs officiers. Aucun monument ne rappellera le sacrifice des hommes tombés.

En fait, l'héroïsme et le sacrifice des soldats seront engloutis dans la défaite et dans la condamnation du nazisme, tout sera retourné contre le peuple allemand. À la nouvelle génération on dira que cette armée était composée de criminels, que la guerre qu'elle a menée n'était pas faite pour la patrie ou le pays mais pour le Führer et ses buts sadiques. Et les seuls monuments qu'on érigera célébreront la gloire des déserteurs. N'est désormais un véritable héros que celui qui n'a pas voulu se battre et a préféré changer de camp.

Fermons la parenthèse. Oui, le Führer aussi avait eu chaud, très chaud. Les historiens alliés lui concéderont que si le front allemand a tenu devant Moscou en ce terrible hiver c'était uniquement à cause des ordres par lui donnés, de tenir sur les positions atteintes, coûte que coûte, et de ne pas reculer d'un pas. Soit. Mais quelle autre armée aurait accepté de tels sacrifices ?

Hitler aussi fit l'éloge du soldat de l'Ostfront. Il le fit à sa façon et avec sa phraséologie idéologique, dans un discours au pays en mars 1942. « Aujourd'hui, je peux vous dire que nous avons derrière nous un hiver comme l'humanité n'en a pas vécu depuis cent quarante ans. Pendant quatre mois, nos soldats ont été cruellement éprouvés par la divine providence, éprouvés dans leur vraie valeur intérieure. Ils ont surmonté l'épreuve. Personne n'a le droit de mettre en doute notre certitude que tout ce que le destin nous réserve encore à l'avenir n'aura plus rien à voir avec ce que nous avons vécu... Les hordes bolcheviques qui n'ont pas pu venir à bout du soldat allemand pendant cet hiver vont être complètement écrasées au cours de l'été qui est devant nous. Le colosse communiste que nous avons pu connaître maintenant dans toute sa cruauté ne doit jamais toucher aux contrées élyséennes de l'Europe mais en être contenu à une très grande distance et y trouver sa frontière définitive. »

L'officier du 2e bataillon du régiment 18 qui communiqua ce texte, distribué dans toutes les unités de l'armée de l'Est, à un ami convalescent dans un hôpital en Allemagne, prit le risque d'ajouter : « Le chroniqueur en déduit qu'il ne doit peut-être plus marcher jusqu'à Vladivostok mais trouver cette frontière définitive du bolchevisme quelque part du côté de l'Oural. »

Quoi qu'il en fût, pour le moment le soldat allemand était encore loin de cette frontière. Il essayait de s'en rapprocher en passant par le sud du pays quand commença, le 29 juin 1942, le deuxième grand bond de la Wehrmacht vers l'est en direction du Caucase et de la Volga inférieure. Ce bond se terminerait mal, sept mois plus tard, à Stalingrad. Et ce serait le commencement de la fin.

Pour les hommes du 18e régiment d'infanterie, rien n'était joué. Une nouvelle et terrible épreuve les attendait. Une deuxième tentative de l'Armée rouge pour s'emparer de Rjev afin de faire s'écrouler le front central allemand. Koniev n'avait pas digéré la défaite de l'hiver, et, pour Staline, cette épine dans la chair qu'était Rjev, ce pistolet pointé sur Moscou devait disparaître. Et on n'allait pas lésiner sur les moyens.

Le 27 juillet 1942, Koniev s'adressa à ses soldats « du front de Kalinine ». « Notre pays vit des jours difficiles. L'armée allemande se jette avec véhémence sur nos centres vitaux. Les hordes de bandits hitlériens essayent, sans égard à leurs pertes, de s'approcher de nos centres industriels de la région Volga-Stalingrad, de notre blé du Kouban et de nos champs pétrolifères du Caucase.

« Un coup énergique sera mené dans notre secteur contre l'ennemi et se fera sentir au sud et autour de Voronej où l'Armée rouge affaiblira la pression des hordes fascistes allemandes.

« Le pays croit en vous. Il vous a assigné une tâche sacrée : faire craquer le front ennemi de Rjev et soulager ainsi le combat de nos héroïques camarades au sud, qui doivent repousser l'insolent envahisseur. Rendez au pays la vieille cité de Rjev ! En avant, tous pour Rjev ! »

La deuxième bataille de Rjev débuta le 24 juillet et mit en lice du côté soviétique quarante et une divisions d'infanterie, onze brigades de fusiliers, trente-huit brigades blindées avec plus de trois mille chars, des milliers de bouches de canon et d'importantes forces aériennes. L'Armée rouge se dirigea vers les villes de Rjev au nord et de Ssytshevka au sud. Et elle commença, comme en hiver, par percer les positions de la bonne division 256 au nord-est de Rjev.

Le régiment 18 fut encore une fois surpris au repos. Un vrai repos cette fois-ci, car toute la 6e division avait été retirée du front, après sept mois d'engagement ininterrompu depuis le début de la campagne. Les hommes avaient vécu la fin de l'hiver dans une position relativement calme. Une fin d'hiver humide, très humide comme c'est toujours le cas en Russie, mouillée même. Voir fondre des centaines de milliers de tonnes de neige en quelques jours voire en quelques heures, n'était pas une mince affaire. L'eau triomphait partout, transformant les rivières en fleuves, les fleuves en océans. Les tranchées, les abris, les blockhaus étaient inondés en quelques heures. Les hommes étaient dans l'eau jusqu'aux hanches. Impossible de vider cette masse de liquide. On ne se sortait plus des uniformes trempés, on attrapait la crève. Le typhus fit à nouveau son apparition. Trente hommes du régiment, tous des héros des batailles de l'hiver, crevèrent misérablement, en quelques jours, à l'hôpital de Rjev, terrassés par cette maladie pernicieuse transmise par les poux. Tulpin, l'aide fidèle de Haape à Shitinkovo, fut parmi les victimes.

Puis on fêta les pâques, les pâques russes, avec la population restée dans les villages loin du front et qui apportait des œufs colorés en blanc, en bleu et en rouge, les couleurs de la vieille Sainte Russie, des œufs et le Kulish, un gâteau en forme de cylindre, et la Pasha, une crème épaisse faite d'œufs, de beurre, de fromage blanc et de sucre. Les paysans russes racontèrent aux soldats allemands qu'ils leur étaient reconnaissants d'avoir pu fêter leurs pâques à la vieille façon chrétienne, pour la première fois depuis vingt-cinq ans.

Et pour la première fois aussi depuis cinq semaines, le courrier était là. Des tas de colis accumulés, faits par des mains tendres là-bas, au pays. Ces colis ne trouvèrent pas tous leur destinataire. Mais que faire du courrier des tués ? Les chefs de compagnie décidèrent de les ouvrir et d'en retirer les produits comestibles pour les distribuer aux vivants ; le contenu non périssable prit le chemin du retour, accompagné de la « lettre de circonstance ».

Un jour, Haape, lors d'une de ses innombrables visites aux unités, tomba sur une joyeuse bande dans une isba. Ils étaient assis autour d'une table sur laquelle un Feldwebel commandant la section était en train d'écrire une lettre de condoléances à une mère qui avait perdu son fils. « Quoi écrire », demanda-t-il à la ronde. Et tous de se mettre à rigoler comme des fous.

« Pourquoi n'écrirais-tu pas : tombé en héros devant

l'ennemi ? » Et un autre : « tombé en tournant son front indomptable vers l'ennemi ». Et un troisième : « tombé en pensant jusqu'au dernier moment au Führer et à la patrie ». Haape voulut connaître la raison de cette hilarité. La réponse le stupéfia car la réalité était tout autre. Le pauvre type avait été abattu en train de faire ses besoins assis sur les « latrines », l'incontournable fosse hygiénique creusée derrière chaque position, par la balle d'un tireur d'élite russe. On ne l'avait seulement trouvé que deux heures plus tard, personne n'ayant pu s'expliquer sa disparition.

Haape avait enfin pu commencer sa permission brutalement avortée par l'attaque russe sur Kalinine en décembre. Auparavant, il avait dû enterrer un autre ami, le Dr Kunst, médecin du 2e bataillon. Le malheureux avait été frappé de plein fouet par un obus de 47 de pak russe pendant qu'il essayait de sauver un cheval d'une grange en flammes. Kunst bénéficiait d'une grande vénération de la part de ses soldats qui avaient accroché à sa porte un écriteau portant la mention « ami de l'humanité ». Höke, le commandant du bataillon, blessé quelques jours auparavant, avait assisté à l'enterrement de son médecin, couché sur une civière.

Le Führer attribua une médaille spéciale à tous les soldats du front de l'Est qui avaient participé à la bataille d'hiver. Elle s'appelait officiellement la « Ost-Medaille », la médaille de l'Est. Les soldats avaient trouvé une interprétation un peu moins révérencieuse. Ils l'appelèrent simplement l'« ordre de la chair gelée », mais ils l'arboraient fièrement sur une boutonnière de leur vareuse.

La vie, à l'étape, avait pris le dessus sur la misérable vie de « cochons du front » que les hommes avaient menée pendant tant de temps. Même l'humour obtint droit de cité. La 6e division avait fait mettre sur pied un véritable corps de ballet formé de soldats talentueux, appelé « Die Stachelschweine » — les porcs-épics — à cause de leurs jambes poilues qui rendaient dérisoire toute illusion quant à leur sexe. Mais ils dansaient bravement devant leurs camarades pour les dérider un peu, au rythme des « songs » anglais et américains, à la mode même dans le IIIe Reich. Des orchestres de chambre se promenaient dans les unités, et il existait même un journal, *Le Courrier de Rjev*, qui rapportait aux soldats les dernières nouvelles du pays et des autres fronts.

Et il y avait eu une surprise de taille. À la mi-mars, des trains venus d'Allemagne déchargèrent d'énormes caisses pleines de vêtements d'hiver, collectés dans les villes et les villages d'Allemagne pour les soldats du front de l'Est. Heureusement qu'ils arrivèrent avec deux mois de retard car personne n'aurait pu s'en servir dans les glaces de l'hiver russe. C'étaient des manteaux de laine de toutes les couleurs, parfois de somptueuses fourrures, des vêtements de femmes qui n'allaient à personne et des sous-vêtements qui frisaient le ridicule. Mais cela venait d'un bon cœur et montrait au soldat qu'on ne l'avait pas oublié là-bas, et surtout cela servait aux nationaux-socialistes pour montrer à la face de l'opinion mondiale la solidarité du peuple allemand dans l'épreuve. La plupart des caisses furent discrètement retournées à leurs expéditeurs tandis que les destinataires se réchauffaient la peau aux premiers rayons du soleil de printemps.

Plus important que toutes ces frivolités expédiées par les femmes et les fiancées depuis la lointaine patrie fut un autre envoi venu du fin fond d'Allemagne : l'« ersatz », une nouvelle vague d'hommes, d'hommes jeunes et frais, inexpérimentés certes, mais sérieusement motivés, croyant encore à la victoire finale promise par le « Führer qui ne se trompe jamais ». Au-delà de ce qu'ils avaient appris dans les cours des casernes, on eut le temps de les former, derrière le front, et on installa de véritables camps d'instruction. Des sous-officiers ayant vécu le cauchemar de l'hiver enseignaient la « guerre dans des conditions extrêmes » aux jeunes recrues qui dévoraient des yeux les décorations qui barraient les poitrines de leurs professeurs. Pour les officiers, la division et le corps d'armée organisèrent des cours dans lesquels on faisait le bilan des expériences faites dans cet étrange pays depuis le 22 juin 1941. Tant qu'il y eut encore de la neige, on organisa des leçons de ski, pour être en mesure d'égaler les Sibériens, si toutefois il devait y avoir encore un hiver à passer en Russie.

Outre des hommes nouveaux arriva du matériel flambant neuf : un nouveau canon, plus long que l'ancien pour les chars III et IV qui les mettait en mesure de combattre les T34 à armes égales. Le vieux pak de 37, l'instrument « pour frapper à la porte d'un T34 » remplacé par un canon de 50, voire de 75 qui perçait tous les blindages ennemis connus. Et pour les fantassins, un régal : la mitrailleuse MG42 qui crachait mille coups à la minute, quatre cents de plus que l'ancienne MG34, de quoi faucher de l'herbe brune. Les mines antichars aussi avaient été repensées. Elles pétaient deux fois plus puissamment que les précédentes. Mais une vraie merveille était la nouvelle « Hafthohlladung », un engin qui collait, grâce à de puissants aimants, à la paroi d'un char, aussi inclinée fût-elle, et dont la charge creuse détruisait toute vie à l'intérieur du véhicule. Il suffisait d'avoir le cœur bien accroché pour assaillir un tel monstre et fixer la charge à sa tourelle. On se voyait décerner, si on survivait à sa propre hardiesse, le très convoité « Panzervernichtungs-Abzeichen », distinction faisant preuve de la destruction d'un char ennemi par ses mains — une bande argentée cousue sur la partie inférieure de la manche droite de la vareuse portant l'insigne d'un char.

Les fantassins du 18ᵉ régiment d'infanterie savaient, en ce brûlant été 1942, que leur petit paradis n'allait pas durer éternellement, que le Russe était loin d'être vaincu, qu'il avait dangereusement modernisé son armement, que ses alliés, surtout les Américains, entrés en guerre huit mois plus tôt, lui fournissaient un matériel roulant auquel l'industrie allemande n'était pas en mesure de répondre. L'homme du 18ᵉ était toujours hippomobile, et les camions de son train qui avaient péniblement survécu à l'hiver ne seraient pas remplacés de sitôt. Mais qu'à cela ne tienne. On était dans une position bien établie, bien installée et bien fortifiée, et on verrait bien ce qui se passerait ici au centre du front tandis que les camarades des divisions blindées se ruaient sur la Volga et le Caucase. Le 18ᵉ d'infanterie était en attente comme les quelque cent autres régiments cantonnés dans ce vaste demi-cercle qui protégeait la vieille cité de Rjev.

Le 24 juillet 1942, le petit lieutenant Michels jouait aux cartes avec trois camarades, au PC du 2ᵉ bataillon dont le major Höke, à peine guéri de ses blessures vieilles de trois mois, avait repris possession. Michels était son aide de camp. Les trois autres joyeux drilles étaient des chefs de section de la 5e compagnie, celle de Rhein qui, lui, avait dû s'occuper pendant un temps du 3e bataillon après la mort de son commandant, le capitaine Graminski, devant Malachovo, mais qui était de retour à la tête de son ancienne compagnie.

Sur la table, le téléphone sonnait depuis un certain temps déjà quand Michels, concentré sur son jeu, se décida à décrocher.

— Herr Major, le colonel pour vous.

Höke pris l'appareil.

— Jawohl Herr Oberst. Ce sera fait. Merci.

Le commandant se retourna vers ses officiers.

— L'ennemi a commencé à attaquer nos positions devant Rjev, avec d'importantes forces d'infanterie. La situation est sérieuse. Le bataillon sera probablement alerté dans la nuit.

À minuit, ordre fut donné au bataillon de gagner au plus vite la gare de Ssytshevka, à trente kilomètres de son cantonnement. À pied, car il pleuvait à torrent depuis vingt-quatre heures et aucun camion ne pouvait prendre la route. Soixante-dix nouveaux chevaux, arrivés d'Allemagne depuis trois jours, allaient faire connaissance avec la Russie. Ils devaient traîner, en quatre jours de marche, ventre dans la boue, tout ce dont un bataillon avait besoin au combat : munitions, canons, mortiers, bagages. Un tiers n'arriva jamais à Ssytshevka. Mais le bataillon était au complet, comme ordonné, le 31 au soir sur les quais de la gare, et arriva le lendemain à Rjev, vingt-cinq kilomètres plus au nord. À peine débarqué, il subit le feu de l'artillerie russe, et était bombardé par des « marauders » américains qui perçaient les nuages et lâchaient leur chargement. Heureusement, l'inexpérience des pilotes russes fit qu'il n'y eut pas trop de dégâts.

Le 2e monta en ligne quatre fois en vingt-quatre heures. Il était assigné à différents régiments, en renfort, signe de la perturbation qui régnait dans les états-majors. L'attaque ennemie fut d'une violence inouïe, la plus intense depuis le début de la campagne. Höke, le commandant du bataillon, a décrit le premier jour de cette bataille dans un livre écrit à la demande de la division en automne 43 mais jamais publié, car censuré par le ministère de la Propagande de Goebbels, jugé trop cru, trop réaliste pour le peuple allemand.

« Nous avancions vers la première ligne de défense, en formation étalée. Un feu infernal de l'artillerie et des mortiers ennemis s'abattit sur nos tranchées. Une épaisse fumée nous cachait la vue sur nos lignes. Inimaginable, cette masse de batteries et de lance-fusées de toutes sortes, indescriptible le bruit des katioushkas. Au moins 40 ou 50 orgues de Staline tiraient en même temps. Les bombardiers et les chasseurs-bombardiers passaient et repassaient dans le bruit strident de leurs moteurs. Nous n'avions pas encore vu cela en Russie. Dieu sait pourtant que nous avions déjà un lourd passé derrière nous. Mais il semblait que plus lourd nous attendait. Nous sautions d'entonnoir en entonnoir pour nous abriter des éclats d'obus. Encore 500 mètres jusqu'à la première tranchée. Des blessés vinrent à notre rencontre. Ils racontèrent que ça allait très mal devant. De très fortes pertes. Le Russe était en train de détruire nos armes et notre équipement, d'aplatir nos positions. »

Ce qui suivit fut une succession d'actes d'héroïsme et de désespoir de part et d'autre. Ce n'était plus une guerre de fusils-mitrailleurs et de mitraillettes, de grenades à main et de pistolets comme en hiver. C'était la « Materialschlacht », la bataille du matériel de la Première Guerre mondiale, une bataille où l'attaquant tendait à détruire l'adversaire par l'acier, par un orage d'acier, volant par les airs et roulant sur des chenilles, où l'homme n'intervenait qu'en dernier lieu pour achever, dans un paysage lunaire, tout ce qui avait survécu à cette sorte de hachoir. Cela a été décrit par les meilleures plumes de la génération précédente, dans des centaines de livres sur la grande boucherie de la Première Guerre mondiale. Mais on avait cru que c'en était fini une fois pour toutes. Que la Materialschlacht (*schlacht* de *schlachten*, « boucher ») était remplacée par la Blitzkrieg qui tuait dix fois moins. La preuve, en France en 40.

Mais la Blitzkrieg n'avait tenu qu'un temps en Russie. Elle avait fait croire à Hitler et à ses généraux que la foudre germanique allait écraser ce grand pays en quelques mois. Mais non, MM. les généraux. Au premier flocon de neige, à la première goutte de pluie même, il s'était révélé que tous les calculs étaient faux, qu'on s'était complètement trompé dans l'évaluation du temps qu'il fallait pour aller jusqu'à Moscou en comptant sur un réseau routier de type occidental qui n'existait nulle part.

Et maintenant, la bonne vieille guerre de position était revenue, imposée par un adversaire dix, vingt fois supérieur en nombre, tandis que nos propres rangs commençaient à flancher et que l'« ersatz », le renfort en hommes perdait en qualité année après année.

Dans le journal du 18e régiment d'infanterie on peut lire comment justement les pertes parmi les nouvelles recrues de l'ersatz augmentaient vertigineusement. Sur cinquante morts de la 6e compagnie le jour du 8 août 1942, jour de pointe en pertes humaines pour toute la durée de la bataille, trente-cinq appartenaient aux jeunes classes qui vivaient leur premier engagement. « Ils ne sont pas habitués à ce genre de combat, se dépriment vite, s'énervent et se font faucher à la première contre-attaque, note le journal. Ils ne suffisent pas aux exigences du combat après leur courte instruction de base et psychiquement ne sont pas à la hauteur de la situation. »

Par contre, les vieux de la vieille, les durs à cuire qui avaient survécu à l'hiver et qui en avaient vu d'autres, les Scheiter, les Schnitger, les Becker et les Appelbaum montraient qu'ils étaient capables de tenir des jours entiers sans ravitaillement, sauf en munitions, dans leurs positions hachées par le feu adverse et reprises chaque fois, de ne pas céder de terrain, de repousser l'ennemi qui avait envahi une tranchée, avec l'aide de l'artillerie qui ne faisait jamais défaut, de quelques canons d'assaut et de la formidable 88, et même avec quelques Stukas qui se risquaient, parfois, au-dessus des lignes allemandes pour soutenir une contre-attaque. Ils subissaient des pertes, naturellement, des pertes doublement douloureuses parce que irremplaçables, mais ils étaient là, ils étaient l'ossature de la défense allemande en ce terrible été 1942 devant Rjev qui ne tombait pas.

Dans ce terrain plat et désolé, il y avait une éminence

dont chaque survivant se souvient, la « cote 200 » située à cinq kilomètres au nord de Rjev, entre Fedorkovo et Palunino, une petite élévation d'où on pouvait embrasser une grande partie du front et qui fut la cible d'attaques russes particulièrement enragées. Voici un extrait du compte rendu des combats, fourni par le régiment.

4.8.15h00 : Attaque contre 1er bataillon est Berdichino.

Deux T34 passent HKL (ligne principale de défense) un d'eux écrase PC.

17h00 : Trois attaques contre cote 200 nord-ouest Palunino repoussées.

18h30 : Deux attaques 2e bataillon flanc gauche soutenu par 10 T34 repoussées à l'avant HKL avec soutien obusiers lourds.

5.8.17h30 : Attaque infanterie plus 6 T34 cote 200.

19h15 : Attaque renouvelée contre cote 200, soutenue par 8 chars du type T60. Ennemi atteint crête 200, chars nivellent nos positions, une section 6e compagnie enterrée, feu dévastateur des chars sur reste des positions. Sous-off. Sieckmann 14e compagnie met 37 en position, laisse chars ennemis s'approcher et en détruit trois à très courte distance.

10 au 14.8 : Capitaine Thummes, chef 3e bataillon, lieutenant Böhmen, chef 2e compagnie, lieutenant Weihrauch 1ère comp. lieutenant Petersen, 2e comp. lt Kappenhagen, 3e comp. lieut. Frowein 3e comp. tués.

15.8.11h30 : Contre-attaque deux canons d'assaut et deux groupements 7e compagnie.

13h00 : Cote 200 reprise. 3 T34 détruits. Un canon d'assaut détruit. Pertes 2e bataillon : 25 tués, 42 blessés, 2 manquants.

Schnitger était là. Albert Schnitger, l'homme de la ligne Staline et de Shitinkovo, le plus formidable type du 18e, quatre fois blessé, porteur de la croix allemande en or. Un homme qui pesait son poids en or dans le régiment. Là où il se trouvait, la confiance régnait. Personne ne reculait. Le 24 septembre, il accomplit un fait d'armes qui entrera dans l'histoire du régiment et dont les quelques dizaines de vétérans vivant encore aujourd'hui se souviennent.

Entre-temps, le régiment 18 avait eu de telles pertes (le 24 août il avait pratiquement disparu dans les faubourgs nord de Rjev où il avait dû se cantonner) que la division l'avait retiré du front pour lui permettre de se réorganiser. On l'avait envoyé à Tolstikovo, six kilomètres au sud de Rjev pour reconstitution. En toute hâte, on y affecta tout ce qui tombait sous la main, des aviateurs, des hommes des compagnies de construction, des cheminots, des boulangers et autres musiciens. Le repos ne dura que trois jours, à peine le temps de former des unités reconstituées et de les familiariser avec des armes nouvelles. Le 30 août, le régiment 18 était à nouveau au combat, un combat qui paraissait inutilement meurtrier étant donné qu'au sein des compagnies les hommes ne se connaissaient même pas par leur nom. Mais il fallait les sacrifier pour sauver Rjev. Le 18e était la dernière réserve de la 9e armée.

Par miracle, le front tint. Il n'y avait pas d'explication raisonnable à ce phénomène. Même le maréchal Koniev reconnut après la guerre qu'il s'était cassé les dents sur Rjev, deux fois, trois fois jusqu'à l'hiver 1942-43. Rien à faire. Les Allemands ne se laissaient pas déloger. Deux fois les Russes pénétrèrent dans la ville, presque au centre. Quelques dizaines de grenadiers les repoussèrent. Au nord de Rjev se situait le Handschuh-Dorf, un village ainsi appelé parce qu'il était en forme de gant. Il changea dix fois d'occupants entre le 3 et le 18 septembre. Rien ne resta debout. Au Stadtgut, une grosse ferme collective au nord-est de la ville, on se battit littéralement au couteau pour garder telle grange, telle étable. Les Russes traversèrent cinq fois la Volga au sud et à l'ouest de Rjev, établirent des têtes de pont, pénétrèrent dans les lignes allemandes comme au printemps 42, avec leurs chars et leur cavalerie. Chaque fois les Allemands réussirent, Dieu sait comment, à les repousser dans leurs positions de départ. Eux aussi subissaient des pertes terribles, causées par les nouvelles mitrailleuses allemandes, par les canons d'assaut qui se révélaient redoutables contre l'infanterie et contre les chars ennemis.

Il est vrai que le commandement russe n'était pas très bon, surtout au niveau du bataillon, des compagnies et des sections. L'officier tué, et c'était la débandade. Les commissaires étaient rarement capables de remplacer les cadres de l'armée. Si, en face, il y avait une poignée d'hommes expérimentés et résolus, ils avaient presque toujours le dessus sur la masse des attaquants. Ainsi les Russes en conçurent-ils un sacré respect pour les Allemands, et cela explique peut-être le « miracle » de Rjev.

Schnitger était un de ces combattants déterminés qui, dans la journée du 24 septembre, dut repousser avec le groupement de combat (18e) dont il était le commandant, avec le grade de Feldwebel, un bataillon fort de deux cent cinquante Russes qui avait percé les positions du régiment voisin près de la route Rjev-Staritza, au nord-est de la ville. La troupe de l'adjudant était en péril. En tout et pour tout vingt-cinq hommes. Les Russes avaient atteint la ligne de chemin de fer qui courait parallèlement à la route. « S'ils avancent un pas de plus demain, ils seront dans Rjev, et ce sera la fin de notre défense au nord-est de la ville », se dit Schnitger. Il était minuit, il ne pouvait pas attendre l'aurore, il devait agir tout de suite. Il commença par arroser les positions russes à la mitrailleuse 42, la seule qui lui restait, et ponctua le feu par un petit mortier de 50. Le feu fit son effet. Au premier signe de désordre chez l'ennemi, Schnitger attaqua. Avec six hommes ! Il a décrit lui-même ce combat dans son rapport officiel au régiment. Les six hurlèrent « hourra ! » de tous leurs poumons, comme leurs ancêtres en 14 dans les Flandres ; ils lancèrent des grenades, tirèrent à la mitraillette et au pistolet. « Chacun de nous criait pour dix, car notre action était de la pure folie, "hourra, hourra, hourra". Jamais, dans ma vie, je n'avais crié aussi fort, ni jamais tant bluffé. Six fantassins, véritables escrocs ont dû faire croire à un régiment entier et le truc a marché. L'Ivan recula, et même, il courut. Les dernières grenades, et nous étions à nouveau sur le ballast. Le chemin de fer était à nous. »

Le 7 octobre, Schnitger reçut la croix de chevalier de la croix de fer, premier et dernier sous-officier du régiment à recevoir une telle distinction. Le commandant de la 6e division, le général Grossmann, et « Corle » Becker, son « père », lui accrochèrent la grande bande noir-blanc-rouge autour du cou. Il était désormais « le soldat du régiment 18 », ce fils d'un modeste tailleur de Detmold, marié et père de trois enfants. Depuis le 22 juin 1941, il avait successivement commandé une section, une compagnie et un bataillon, en un temps où les bataillons ne comptaient plus que trois cents hommes, où les compagnies étaient commandées par des sous-officiers, et les sections par des caporaux. Six mois plus tard, lors de la grande retraite vers le Dniepr, le 13 mars 1943, il fut mortellement touché, lors d'une contre-attaque, d'une balle en pleine poitrine. Lorsque quelqu'un l'avait félicité pour sa croix de chevalier, dans son PC de « chef de groupement de combat 18e », il avait rigolé et dit : « La prochaine croix sera faite de deux bras de bouleau. »

Cette dernière croix fut aussi celle de Noack, de Böhmer, du bon Neuhoff, guéri de sa dépression, qui avait pour un temps repris le commandement de son ancien 3e bataillon, et de beaucoup d'autres. Il ne restait pas grand-chose de l'ancien régiment 18, celui des batailles d'hiver. Le régiment avait fondu et refondu dans le grand creuset de Rjev. Il n'en demeurait que quelques lambeaux.

Même le Dr Heinrich Haape n'était plus là. On l'avait bombardé aide de camp du médecin-chef de la 6e division d'infanterie, un poste honorifique en quelque sorte. Lors de sa permission, en avril, il avait épousé à Vienne sa cantatrice d'opéra. Puis il avait participé à la bataille de Rjev, à la tête des toubibs du régiment 58. Il avait détruit deux chars ennemis avec l'aide de son fidèle Heinrich Appelbaum qui ne le quittait jamais, et on lui avait accroché la croix allemande en or sur la droite de sa vareuse. Ainsi, le Dr Haape était-il devenu le médecin militaire le plus décoré de la Wehrmacht.

8

À la fin de la bataille d'été de Rjev, le régiment d'infanterie 18 fit le bilan de ses pertes et l'envoya à la 6e division. C'était un bilan accablant. En un peu plus de quatre-vingt-dix jours d'engagement depuis le déclenchement de l'offensive Koniev le 27 juillet 1942, le régiment avait été pratiquement anéanti. Quarante officiers et treize cent soixante-douze sous-officiers et hommes tués. De tous ceux qui avaient traversé la frontière germano-russe le 22 juin 1941 à la tête de leurs hommes, il ne restait plus que trois officiers : Carl Becker, le commandant du régiment, Stephan Höke, le commandant de l'un de ses bataillons, et Rudio Becker, le « petit Becker » de Shitinkovo.

Le régiment ne s'appelait d'ailleurs plus « d'infanterie ». Un ordre du Führer daté du 31 octobre 1942 avait baptisé les régiments à pied de la Wehrmacht « régiments de grenadiers ». Cela faisait « frédéricien », plus viril et plus héroïque, et cela stimulait le moral du peuple en ces premières heures de grands doutes.

Le 18e avait été retiré du front, pour la énième fois dans cette bataille. Mais, cette fois-ci, c'était pour de bon. Il était cantonné dans ses quartiers traditionnels, une vingtaine de kilomètres au sud de la ville de Rjev, qui n'était plus qu'un amas de ruines fumantes, habitées par des soldats allemands et quelques civils russes hagards. Tout le monde léchait ses blessures. L'ours russe aussi d'ailleurs. Sur ordre de Staline, le maréchal Koniev qui n'avait pas réussi son grand coup de Rjev avait dû se délester d'une grande partie de son artillerie et de ses chars et les envoyer dans le sud où la bataille pour Stalingrad et pour le pétrole du Caucase faisait rage. La Stavka, l'état-major de l'Armée rouge, y préparait la grande contre-offensive qui devait encercler la 6e armée allemande du général Paulus sur la Volga. Mille cinq cents kilomètres plus au nord, sur la petite Volga, des deux côtés de Rjev, le front était désormais calme.

Comme toutes les unités de la 9e armée qui n'étaient plus au contact de l'ennemi, le 18e grenadiers ne chômait pas et s'appliquait rageusement à récupérer ses anciennes forces. Partout, on intégrait l'ersatz venu d'Allemagne. Pitoyable ersatz, aussi pitoyable que le « café » qu'on servait à boire aux soldats. Le Feldwebel Sommerhoff, adjudant de compagnie à la 5e compagnie, écrivit une lettre à son ancien commandant — le capitaine Ernst-Martin Rhein, gravement blessé le 25 août lors de la contre-attaque de son 1er bataillon à Lasarevo au nord de Rjev —, à l'hôpital « Hindenburg » à Berlin. La lettre résumait l'amertume que ressentaient les quelques « vieux » du régiment qui étaient encore là en ces jours de transition.

« Le registre de la compagnie est au chiffre 657, ce qui signifie, mon capitaine, que depuis le début des opérations, 657 hommes sont passés dans ses rangs, contre un effectif de 180 le 22 juin 1941. Le 24 août, veille de votre blessure, un officier, deux sous-officiers et 17 hommes sont revenus de première ligne. Dans le train, six hommes et deux chevaux ont été tués par un seul obus. Après avoir été renforcée de 80 hommes d'ersatz, la compagnie est à nouveau montée en ligne. Le 25, elle est revenue avec deux sous-officiers et huit hommes. Notre chef l'Oberleutnant Dürauer était parmi les tués et le lieutenant Walthemathe a pris sa place. Il n'y avait plus un visage connu parmi les hommes. Après Walthemathe, blessé, c'est le lieutenant Rüttner qui a pris la compagnie. Il a été tué le jour même et sa place fut prise par le lieutenant Schufer, qui fut tué quelques heures plus tard. Le reste de la compagnie fut intégré dans la sixième. Il n'y avait plus d'officier, c'est notre Oberfeldwebel qui doit s'occuper de tout maintenant. J'ai pris sur moi de prévenir les familles. Tous les aides médicaux ont également été tués. Rien n'était noté, il manquait 50 hommes. Mon capitaine, vous ne pouvez pas vous imaginer ce qu'est devenue notre compagnie. Mais vous devez savoir qu'il n'y a rien qui ne pourrait être surmonté par la "cinquième"...

« Il y a quelques jours nous avons reçu un nouvel ersatz, et nous avons dû remonter immédiatement au front, comme il fallait s'y attendre. C'est le lieutenant Behrends (38 ans) qui commande maintenant la compagnie. Elle n'a plus que deux sections commandées par des sous-officiers qui n'ont jamais quitté leur caserne depuis le début de la guerre. Le plus petit caporal de nos anciens vaut mille fois mieux que ces tristes chevaliers de la planque. Ils n'ont jamais vu une mitrailleuse de près et connaissent la grenade à main par ouï-dire. C'est cela, mon capitaine, la cinquième compagnie ! ! !... »

Koniev laissa à peine quatre semaines aux Allemands pour reprendre leur souffle. Puis il attaqua de nouveau. Son action coïncida avec la grande contre-attaque de ses collègues Vatoutine, Rokossovski et Eremenko contre la 6e armée de Paulus, au nord et au sud de Stalingrad. Elle était destinée à soutenir leur effort en fixant le maximum de troupes allemandes au centre du front.

Le « promontoire de Rjev » existait toujours. Situé à deux cent cinquante kilomètres de Moscou, il représentait un potentiel danger pour la capitale. Il pouvait servir de base à un nouvel assaut au cas où Hitler déciderait, à nouveau, de porter l'effort de guerre au cœur même de l'Union soviétique. Un promontoire large et profond de soixante kilomètres sur soixante, s'appuyant sur les trois villes, Rjev, Ssytshevka et Viasma, toujours aux mains des Allemands, reliées entre elles par une ligne de chemin de fer et une route courant parallèlement, artère vitale pour le ravitaillement des deux armées qui tenaient le promontoire, la 11e au nord-ouest et la 9e au nord-est, et incluant la ville de Rjev.

L'offensive de Koniev, appelée « Winterreise » par les Allemands (voyage d'hiver) commença le 25 novembre 1942 et montra tout de suite sa vigueur. Le scénario était invariable. Préparation d'artillerie, de katioushka et de l'aviation qui dura quatre heures, attaque au petit matin, dans la neige et dans le brouillard, des chars et de l'infanterie portée. La IIe armée de cavalerie de garde attaqua au sud-est de Rjev et perça les lignes allemandes près d'Ossuga. Ses chars foncèrent vers l'ouest et arrivèrent au milieu du « promontoire », à mi-chemin entre Rjev et Ssytshevka. En même temps, deux autres armées attaquèrent à l'ouest de Rjev et détruisirent les lignes allemandes le long de l'autoroute Bieloy-Olenine sur quinze kilomètres de largeur. Leurs chars foncèrent vers le sud-est ayant visiblement comme objectif de s'unir à ceux de la IIe garde. S'ils réussissaient, c'en était fini du « promontoire » et de ses occupants, fini des quinze divisions du général Walter Model.

Le 18e grenadiers avait été alerté dans la soirée du 26 novembre. « Corle » Becker avait réuni à son PC de Rjev son corps d'officiers ; c'est de là qu'il avait dirigé la défense de la ville pendant la bataille d'été. Il venait de recevoir la croix de chevalier. Ce vieux guerrier, déjà blessé cinq fois lors de la Première Guerre mondiale, en garda le bras gauche abîmé. Il savait déjà que ce serait sa dernière bataille à la tête de son bien-aimé régiment car la veille on lui avait fait savoir qu'il prendrait bientôt la tête de la 253e division d'infanterie.

Il regarda chacun de ses nouveaux officiers dans les yeux. Pendant quelques heures il s'assura que l'esprit du régiment n'avait pas varié, en dépit de toutes les pertes et de tous les ersatz. La « famille » les avait à nouveau absorbés, elle les avait soudés autour du petit noyau dur de ceux qui avaient vécu le premier hiver. À la fin de cette dernière réunion avant le nouveau « bal d'hiver » avec les rouges, il leur lança la devise du régiment : « Aucun régiment ne doit être meilleur » : le 18e régiment de grenadiers hourra !

Le deuxième « Winterreise » du régiment dura un mois, bien moins longtemps que le premier. Il s'en distingua par deux points essentiels : il faisait moitié moins froid, même si la neige russe était toujours omniprésente, et les soldats étaient magnifiquement équipés en vêtements d'hiver entièrement neufs : manteaux de fourrure, capuchons fourrés, vestes et pantalons doublés et ouatinés, bottes de feutre, de quoi passer la nuit dehors par moins 30°. Ah ! la

« Heimat » ! Les gens du pays, là-bas, capables de faire des merveilles s'il le fallait, la bonne organisation allemande, le parti qui veillait, et les milliers de Fremdarbeiter, des ouvriers étrangers qui cousaient tout cela...

Les combats furent quand même durs, très durs. Le régiment était sans cesse déplacé d'est en ouest du « promontoire » contre les avancées blindées de l'ennemi, soutenu par quelques chars IV par-ci, quelques canons d'assaut par-là. Il était confronté pour la première fois à plusieurs trains blindés russes qui se déplaçaient du nord au sud, sur la ligne de chemin de fer Ssytshevka-Rjev, empêchant le ravitaillement du « promontoire » et semant la terreur avec leurs gros obusiers et leurs canons de 150 à tir rapide. Les Sibériens étaient de nouveau présents, les bons vieux adversaires de Kalinine et de Shitinkovo. Il s'y ajoutait les cosaques du Don dont les petits chevaux ultrarapides passaient partout, et les bataillons à ski contre lesquels les fantassins allemands, même les mieux lotis, ne pouvaient pas grand-chose.

Et pourtant, ils tinrent. Les Sibériens ne passèrent pas. Les Allemands gagnèrent encore la troisième manche, d'un poil, mais ils gagnèrent, et encore une fois avec les moyens du bord. Le lieutenant Austermann, un beau garçon de vingt et un ans, qui avait fait partie de ceux qui étaient déjà dans la mêlée en 1941, commandait la 3e compagnie. C'était un romantique du Rhin qui lisait du Gogol entre deux échanges de feu avec les Russes et confiait à son journal intime ses rêveries sur l'incroyable beauté des villages russes sous leurs capuchons blancs colorés en rose par le soleil couchant. En un seul après-midi, le lieutenant Austermann perdit la moitié des trente-cinq hommes de sa compagnie. Ils moururent sous ses yeux, sur cette grande plaine blanche, offerts aux feux croisés de quatre T34, contre lesquels les Allemands n'avaient plus aucune défense, leurs canons antichars ayant épuisé leurs munitions. « J'entendais leurs cris, nota-t-il, je me précipitai dès que les chars eurent arrêté leur feu. Un homme venait vers moi en titubant, tombait, se remettait debout. C'était le jeune Feldwebel qui commandait ma 1re section, il était anéanti. Je le saisis par les bras, le traînai derrière le chemin de fer à l'abri.

"Laissez-moi ici, mon lieutenant, je n'en peux plus, tout le monde est mort." Il se mit à pleurer, crise de nerfs. Je me rendis compte qu'il n'était pas blessé. Ses nerfs avaient craqué. »

Les combats allaient et venaient, guerre de mouvement en plein hiver. Peu de villages mais des forêts qui devaient suffire commc abris. Les nouvelles tenues, mouillées le jour par la neige fondante, étaient raides et gelées au petit matin, après une nuit glaciale. Ravitaillement au crépuscule ; le cuistot avait dû se frayer un chemin à travers les positions russes, la nuit. Le café « sueur de nègre » était déjà froid. Le saucisson « WH 90 » (Wehrmacht Heer 90, appellation de l'armée de terre) était aussi dur qu'une balle de tennis. Si on le jetait par terre il rebondissait. Le pain était gelé et se coupait à la baïonnette.

Chez les Sibériens, il y avait un colonel Nikitine. On avait appris son nom par une radio captée chez l'ennemi. Le copain avec lequel il communiquait s'appelait Dorochenko. Ce dernier commandait la 192e division de tirailleurs, connue des Allemands depuis Kalinine. Nikitine avait réussi une percée avec quelques T34 et six cents hommes et s'était barricadé dans une forêt au sud de Tentshuki, non loin de l'autoroute Bieloy-Olenine qu'il voulait visiblement atteindre. Mais les Allemands avaient pu l'en empêcher en lui barrant la route, avec des artilleurs de fortune et des gens d'une compagnie de construction. Cela faisait cinq jours qu'il était encerclé. Il se faisait ravitailler, toutes les nuits, par deux chars qui traînaient des luges bourrées de boustifaille.

Le 13 décembre, Dorochenko et Nikitine attaquèrent simultanément les minces lignes du 1er bataillon du 18e grenadiers... commandé depuis deux jours par le « bébé Austermann ». Personne ne paraissait en mesure d'arrêter les vagues d'attaquants. On en tua un tiers, mais quatre cents types, avec à leur tête ce colonel, passèrent et rejoignirent leurs camarades de la 192e division. Les pertes allemandes étaient lourdes. Austermann fut gravement blessé. Le soir, le calme revenu, le colonel Becker réunit les officiers de son état-major dans son bunker de bois en pleine forêt.

« Un diable d'homme, ce Nikitine », l'entendit-on murmurer. Et puis

— Planton, apporte des verres !

Une fois les verres remplis, il leva le sien et dit :

— Je bois à la santé du colonel Nikitine et de ses hommes.

Peu de temps auparavant, Austermann avait noté dans son Journal : « Si nos tués arrivent au train, le Hauptfeldwebel [adjudant de compagnie] ne peut pas toujours les identifier. Les troufions ne portent que très rarement leur plaque d'identification autour du cou à cause du froid et leurs traits sont défigurés par le gel. Nous les mettons à côté d'un feu, la nuit, et attendons le petit matin pour pouvoir les identifier. »

Les Russes, eux, n'apportaient pas autant de soin à leurs morts. Ceux-ci restaient là où la mitraille les avait fauchés et la neige les ensevelissait. « comme dans des taupinières », note le caporal Max Hunziger. « Mais avec nos MG42 et leurs mille coups par minute, pas de chance de passer chez nous. »

Non, ils n'étaient pas passés, pendant cette deuxième campagne d'hiver à l'ouest de Moscou. Mille kilomètres plus au sud, la 6e armée de Paulus était à l'agonie. Elle tint encore tout le mois de janvier, et puis ce fut fini. L'année 1943 serait celle de la grande retraite.

Les hommes du 18e grenadiers purent fêter leur deuxième Noël en Russie dans le calme. Rien à voir avec les sombres jours de Noël 1941 au nord-est de Staritza lorsque, entre deux retraites précipitées, on avait eu à peine le temps de penser aux êtres chers en Allemagne. Ici, sur le promontoire de Rjev, le dernier coup de feu du « Winterreise » avait été tiré le 22 décembre. « Du 18 au 21, toutes les attaques de l'ennemi ont pu être repoussées. Le 22, il nous laisse enfin tranquilles », note le journal. Les soldats, fatigués, montaient sur les traîneaux tirés par les braves camarades chevaux. On les ramenait vers l'arrière. « Une sorte de paix céleste s'empara de nous, raconte Max Hunzinger. Un de nos camarades sortit son harmonica et se mit à jouer un air que tout le monde connaît en Allemagne : “Tout va passer, finalement, et à chaque décembre suivra un mai...", et tout le monde de se joindre à la chanson. Le plus étonnant : le Russe ne nous attaqua pas le jour de Noël ! »

Carl Becker avait pour la dernière fois rassemblé son corps d'officiers autour de lui. Il voulait fêter Noël avec eux dans son PC, puis prendre congé de son régiment. Pour surmonter la tristesse qui serrait les cœurs, il ne restait que de se noyer l'âme dans la vodka. La fête était si intense que personne n'entendit les cris d'effroi poussés dehors.

— Le bunker du commandant brûle !

Lorsqu'on arriva devant la petite isba réservée au colonel, tout était déjà consumé. Il ne restait plus rien des affaires personnelles et privées du « père du régiment » collectionnées patiemment en trois années de guerre. Le lendemain, les 14 compagnies du régiment étaient au garde-à-vous devant le PC, pour une dernière revue. Becker, qui n'avait pas pu changer de linge, passa ses hommes en revue, à sa façon, lentement, méthodiquement, en regardant chacun dans les yeux. Arrivé au dernier soldat de la dernière compagnie, on lui remit un gros carton. Il était rempli de camelotes de toutes sortes ramassées dans toutes les compagnies au petit matin, pour être en mesure de pourvoir au strict nécessaire de leur commandant qui partait. On chargea le ballot sur la grosse Horch, et, dans un crissement de pneus sur la neige gelée, le colonel Carl Becker, trop ému pour dire un mot, s'en alla. Ensuite, il commanderait une division, avec le grade de Generalleutnant, et on lui ajouterait les feuilles de chêne à sa croix de chevalier, en avril 1945, deux semaines avant la fin, en Prusse-Orientale d'où il était parti trois ans plus tôt. Les Russes le firent prisonnier et il resta dix ans dans les prisons moscovites et les camps de Sibérie, dont deux dans les mines de charbon du redoutable camp de Vorkouta. Il mourut en 1966 à Heidelberg, à l'âge de soixante et onze ans.

Le haut commandement de la Wehrmacht décida d'abandonner le promontoire de Rjev. Il n'avait plus de raison d'être. Une nouvelle offensive vers Moscou, après la catastrophe de Stalingrad, était hors de question pour la poursuite de la campagne. Il fallait faire des économies en divisions et en corps d'armée, parfois même en armées.

Ainsi le promontoire de Rjev qui avait absorbé pendant une année entière deux armées et fixé une centaine de divisions russes allait être sacrifié. La troupe en fut informée de la façon la plus discrète possible, fin février 1943. Il ne fallait pas que l'adversaire en eût vent trop tôt. Il serait capable de tout faire échouer. On procéderait de la même façon qu'à Kalinine un an plus tôt : le matériel lourd d'abord, ensuite les trains divisionnaires et régimentaires, puis, à la fin, les unités de combat. Le tout uniquement de nuit. L'opération commença le 2 mars et se termina quarante-huit heures plus tard, sans qu'un seul coup de feu ne fût tiré du côté russe. Le « petit globe du Generaloberst Model », comme les officiers avaient baptisé le saillant, avait été vidé de son contenu d'une façon exemplaire. Pas un homme perdu, pas un canon n'était resté sur place, pas une position n'avait dû être abandonnée à la sauvette. Le sens de l'organisation germanique avait fonctionné sans faille. Et pourtant, habitué aux campagnes offensives et aux « blitz » foudroyants, le haut commandement avait dû largement improviser une stratégie qui n'avait pas été enseignée dans les écoles militaires allemandes. Presque au même moment, deux mille kilomètres plus au sud, un mouvement similaire, mais bien plus ample car comprenant trois armées, avait dû s'effectuer en toute hâte : la retraite du groupe d'armées du Caucase, entre le Don et la montagne, vers la porte de sortie de Rostov sur la mer Noire, pour éviter un deuxième désastre après celui de Stalingrad. Ici, à Rjev sur une bien plus petite échelle, l'armée allemande avait pu remporter « une victoire défensive » (Philippe Masson) en interdisant à l'adversaire l'accès à une « forteresse » qu'il avait en vain assaillie douze mois durant.

Pour les hommes du 18e, les adieux à Rjev furent déchirants. En un an, la ville leur était devenue familière, foyer et cauchemar à la fois, lieu de souffrances inouïes et de tant de séparations. Le bruit avait couru que le Führer leur attribuerait une « étiquette Rjev » à coudre sur leurs manches comme à leurs camarades qui avaient combattu en Crimée, mais cela ne s'était pas fait. On ne fête pas les retraites en fin de compte.

On ne les fête pas, mais on les effectue. La retraite resta ordonnée et s'étira jusqu'aux rives du Dniepr supérieur, au nord de la vieille ville de Rogoboush. C'était l'été, le troisième déjà dans ce pays, ce pays si cruel mais si beau, si attirant pour l'âme allemande. Quelques jours avant le départ de Rjev encore sous la neige, le jeune général Grossmann qui commandait la 6e division s'était laissé aller à une déclaration d'amour à l'hiver russe : « Nous avons craint l'hiver russe, nous l'avons haï parce qu'il favorisait l'adversaire. Mais maintenant que nous savons comment nous y prendre, nous voulons le regarder d'une autre façon, l'apprécier comme un merveilleux embellissement de ce pays. Combien de beautés sont contenues dans le ravissement de cette heure où un soleil ardent se couche à l'ouest. La neige est couverte de bandes or et rouge, les cristaux de glace reflètent le pourpre. La plus misérable isba se transforme en un petit palais de rêve sous son petit capuchon rose et blanc, les maisons encrassées de l'automne ne revêtent-elles pas une étrange et fascinante beauté dans leur fourrure de neige ? Au matin, quand on flâne dans la forêt, la gelée blanche recouvre les branches, les bouleaux et les sapins le long du chemin d'une sorte d'armure de satin étincelante. Partout où se porte le regard la nature s'est vêtue d'un fin manteau blanc. »

Le général poète n'avait plus beaucoup de temps pour chanter les beautés de l'hiver russe. Sa division avait été officiellement déclarée l'une des trois meilleures divisions d'infanterie de la Wehrmacht. Cela signifiait qu'on ne la laisserait pas chômer. Elle devint une division « pompier ». On l'envoyait là où était le feu. Et le feu s'allumait un peu partout sur le vaste front de l'Est depuis que le Russe avait réalisé que les Allemands s'étaient repliés. Il s'allumait sur le Donetz en Ukraine et même sur le Dniepr inférieur, où le Russe faisait peser une pression terrible, qui ne put être enrayée près de Poltava et de Kharkov que grâce au génie opérationnel du maréchal von Manstein et à l'intervention massive de divisions de Waffen-SS équipées des nouveaux chars Tigre. C'est lors d'une de ces échauffourées avec des éléments russes avancés que tomba Schnitger, le héros de Rjev.

Depuis la retraite de Rjev, Höke avait pris en main le régiment 18. Höke, l'homme d'Ivanischi, de la colline 200 et des faubourgs nord de Rjev. Un des tout derniers qui restât encore au régiment. En fait, il y revint, car Höke, au retour de sa convalescence après sa blessure à Rjev en été 1942, avait été versé dans un autre régiment d'infanterie, à l'insu de Becker et de ses camarades. Dès que la nouvelle fut connue au régiment, ce fut un tollé. Comment prêter Höke, notre « Steppan » (pour Stephan) à un autre régiment ?

Ce soldat formidable connaissait le 18e mieux que quiconque. Il y avait gravi depuis 1924 tous les échelons, du grade de simple soldat jusqu'à celui de major. Cet homme sorti du rang, porteur de la croix allemande en or pour bravoure exceptionnelle, était un modèle. Le prêter à un régiment où il ne connaissait personne et où serait gaspillée toute cette précieuse expérience, cette symbiose unique entre un chef charismatique et une troupe qui lui faisait confiance ? Le corps des officiers avait protesté en bloc derrière son commandant, et ce fut finalement le « chef » du régiment 18, le Feldmaréchal von Rundstedt en personne, qui obtint de la direction du personnel de l'armée de terre que le commandant Höke revînt à son ancien régiment pour en prendre le commandement avec le grade de lieutenant-colonel. Son successeur, un officier qui, ni vu ni connu, avait déjà pris ses quartiers au PC de Becker, fut discrètement congédié le lendemain de Noël.

Le régiment marcha beaucoup en cet été 1943, presque autant que lors de la grande ruée sur Moscou pendant l'été 1941. Fin juillet il se trouvait, toujours dans le cadre de la 9e armée du général Model, au sud d'Orel, la grande ville entre Moscou et Koursk, là où le hasard des retraites et des transformations du front avait laissé un bien plus grand saillant, cette fois-ci occupé par les armées des maréchaux russes Vatoutine et Rokossovski, les héros de Stalingrad. Il avait pour pivot central la ville de Koursk avec une pointe vers le Dniepr, ultime limite de recul pour les armées allemandes. Ses deux points d'ancrage étaient les métropoles d'Orel au nord et Kharkov au sud tenues par les armées des maréchaux Kluge et Manstein. Le saillant était bourré de troupes qui avaient eu quatre mois pour le fortifier avec tout ce que le génie humain pouvait inventer pour empêcher les indésirables d'y pénétrer. Tranchées et blockhaus entremêlés se couvrant mutuellement par des systèmes de feux croisés très sophistiqués, champs de mines, barrages antichars formés de plusieurs échelons de pak 76 et 90, barrages antiaériens échelonnés en profondeur, chars T34 et KW I enterrés, pièges antichars et antipersonnel, fossés antichar et, en réserve, les brigades blindées du maréchal Koniev que la Stavka avait envoyées dans le secteur. Ces brigades, dont deux de garde, disposaient du tout nouveau char Joseph-Staline dont le canon de 100 mm était supérieur à tous les calibres utilisés par les Allemands.

Cette sorte de saillant fortifié était fâcheux, et il faudrait un jour le réduire, estimait Hitler. Il offrait une occasion idéale pour encercler deux « fronts » (groupes d'armées) soviétiques et emporter cette fois une éclatante victoire offensive, une victoire très souhaitable après la cuisante défaite de Stalingrad qui avait fortement terni l'image que les quelques alliés de l'Allemagne restants — l'Italie, le Japon, la Roumanie et la Hongrie — se faisaient de la force du Reich. Une victoire pour revigorer la confiance du peuple allemand qui en avait besoin après Stalingrad et après le débarquement des alliés occidentaux en Italie.

Le régiment du lieutenant-colonel Stephan Höke n'avait pas connu d'engagement majeur depuis la retraite de Rjev. Il avait même savouré une véritable, quoique courte, période de repos complet près de la grande cité de Smolensk, avec des restaurants en ville, du cinéma et du théâtre, et des « Gretchen » dans les « foyers de soldats » qui s'occupaient des guerriers fatigués. Il avait refait ses forces avec des jeunes gens venus d'Allemagne. Les compagnies avaient presque retrouvé leurs effectifs réglementaires, et, plus important encore, un certain nombre d'anciens étaient revenus après guérison de leurs blessures. Un des plus anciens d'entre eux, le capitaine Köntges, n'avait même pas voulu attendre la guérison totale et arriva le bras gauche en écharpe pour reprendre son ancienne 7e compagnie. Le 1er mai 1943, le régiment entier, fanfare en tête, avait défilé devant son commandant dans l'artère principale de

Smolensk, un événement qui ne s'était pas produit depuis le retour du régiment en garnison après la campagne de France, en 1940.

Fin mai, Höke et ses hommes durent se battre pendant six jours contre des partisans, avec deux autres divisions allemandes et des troupes auxiliaires russes, au nord-ouest de Briansk. Combats très durs et inhabituels qui se déroulèrent entièrement en milieu forestier, parsemé de marais et infesté de moustiques. Le régiment perdit dix hommes, parmi lesquels le chef de sa section de génie, le lieutenant Augustin. Son action fut couronnée de succès. Il put détruire et occuper une véritable forteresse clandestine, un complexe d'un kilomètre carré farci de trois cents blockhaus et de cent casemates souterraines, avec un terrain d'aviation et un dépôt d'armes.

La 6e division faisait partie du redoutable dispositif que le haut commandement avait étalé face au côté nord du saillant de Koursk. Pour la troisième fois dans cette campagne de Russie, la Wehrmacht mit en œuvre cette formidable machine de guerre qui lui avait assuré tant et tant de victoires en Europe : avions de bombardement, Stukas, chasseurs-bombardiers, artillerie de tous calibres allant du 88 au 210 mm, lanceurs de roquettes et de napalm, chars, véhicules blindés d'infanterie, fantassins et pionniers, échelonnés en quintuple profondeur et prêts à bondir. Les généraux étaient prêts à agir depuis la mi-mai, mais Hitler avait voulu attendre l'arrivée des nouveaux chars Tigre et Panther et du supertank « Ferdinand », un monstre de 75 tonnes construit par Ferdinand Porsche, le concepteur de la Volkswagen, destiné à casser tout ce qui s'opposait à lui avec son canon superlong de 88 mm et à frayer un chemin à l'infanterie. Le début de l'attaque fut finalement fixé au 5 juillet. Le nom de code « Zitadelle » évoquait curieusement quelque chose de statique et non de mouvant.

L'entreprise fut effectivement statique. Elle ne dura que sept jours et se termina le 12 juillet par un échec. Rarement offensive avait été mieux préparée. Höke, le commandant du régiment 18, assistait depuis la fin mai à un Kriegspiel après l'autre, à la division, au corps d'armée, à l'armée. L'armée était toujours la 9e du bulldozer Walter Model.

Mais le corps d'armée avait changé. C'était au 47e CA blindé du général Lemelsen que la 6e division était subordonnée et en même temps que la 20e division d'infanterie et deux divisions blindées : la 2e et la 9e viennoises.

Model avait en tout six divisions blindées sous ses ordres, plus un détachement de Tigre et une compagnie de « Ferdinand », de quoi casser les plus résistantes citadelles ennemies. La troupe s'était exercée des semaines durant au combat rapproché et à l'utilisation de nouveaux moyens de destruction. On avait reconstitué scrupuleusement le terrain tel qu'il se présentait en réalité dans les zones d'attaque, en arrière-pays, avec ses « balcas » caractéristiques du sud de la Russie, ces profondes crevasses que les pluies séculaires avaient creusées dans la steppe. Ce furent ces « balcas » qui représentèrent, pendant l'attaque, le plus grand obstacle pour les Panzer, les canons d'assaut et l'artillerie portée.

La 6e division devait, de concert avec la 20e et les deux divisions blindées, ouvrir une brèche dans le dispositif ennemi, brèche à travers laquelle les quatre autres divisions blindées de Model devaient ensuite passer à l'attaque en profondeur. Le premier objectif assigné au régiment de grenadiers 18 était le village de Iasnaïa Poliana, cinq kilomètres derrière la première ligne russe, ainsi que les deux bois « Kirchwald » et « Wiedehopf-Wald » qui encadraient le bourg.

Encore une fois, le bon vieux régiment dut montrer de quel bois il savait se chauffer. Après le Niémen, la ligne Staline, la Volga de Kalinine et celle de Rjev, allait venir une terrible épreuve qui ne durerait que quatre jours mais dépasserait en intensité et en sacrifices même ce qui s'était passé à Rjev. De nouveau, le régiment allait être brûlé, liquéfié en quelques jours et quelques nuits. Dix de ses officiers furent tués, parmi lesquels le capitaine Joachem Kluge, commandant du 1er bataillon, qui tomba à côté de Stephan Höke, le commandant du régiment dont il avait été l'aide de camp jusqu'au soir du 1er juillet. Au milieu de la tourmente, la nouvelle de la mort de Kluge se répandit comme une traînée de poudre de trou en trou, de lisière en lisière. Le poète du régiment, le héros du 5 juillet, le conquérant du Kirchwald et de Poliana, celui qui avait présenté les félicitations du régiment à Carl Becker lorsque celui-ci fut promu général et obtint une division. « Il maîtrisait l'épée et la lyre avec la même perfection, a-t-on écrit plus tard dans le journal de marche du régiment. Tout le monde adorait ce garçon rieur et ensorceleur qui savait transformer n'importe quelle situation critique en source d'espérance. Kluge nous laisse plusieurs chants et poèmes parmi lesquels notre "Rjev-Lied" et restera ainsi dans nos cœurs. »

À nouveau, les sergents durent prendre le commandement des compagnies, et les sections furent menées par des caporaux. Le dur entraînement qui avait précédé l'attaque porta ses fruits. À la tête de sa 7e compagnie, le lieutenant Spieker fit irruption dans une position russe et fit prisonnier un commissaire bolchevique. Ce dernier dégrafa son ordre du Drapeau rouge de sa tunique et le remit à l'Allemand avec les mots : « Deutscher Angriff haracho » — Attaque allemande bonne. Les combats furent terribles. Le défenseur était invisible dans les hauts champs de blé, l'attaquant devait se défendre tous azimuts et était souvent frappé dans le dos. L'ennemi était habile et savait séparer l'infanterie des chars censés la protéger.

Parfois les Tigre opéraient isolément et devenaient une proie facile pour les assaillants russes. Il fallait un effort surhumain pour gagner cent, deux cents mètres de terrain, prendre une maison, investir une tranchée ennemie. La résistance de l'adversaire se renforçait d'heure en heure. Dès le soir du 7, aucun fantassin allemand, aucun char n'avançait plus. Les hommes étaient épuisés et désespérés. L'attaque si méthodiquement préparée, soutenue par autant de moyens estimés supérieurs avait pratiquement avorté dès le premier jour. Le Russe savait-il quelque chose ? Était-il préparé à l'attaque allemande ? Avait-il eu des informations précises sur son déclenchement ? Le bruit en courut aussitôt après la bataille. De là à conclure qu'il y avait eu trahison, il n'y avait pas loin. L'historiographie n'a jamais pu établir un tel fait. Les amples préparatifs de l'état-major allemand, par contre, n'avaient pas pu passer inaperçus du côté russe, et les longues hésitations de Hitler avaient facilité à l'ennemi l'organisation de sa défense.

Le 8 juillet au soir, la contre-attaque russe se déclencha avec une violence inouïe Elle balaya toute résistance allemande sous un déluge de feu. Quarante T 34 et T 100 attaquèrent les positions du régiment 18 à l'ouest et au nord de Koutyrki. Les Westphaliens en détruisirent dix, le reste passa et fit un malheur dans les rangs allemands. Cinq autres officiers furent tués, trois blessés. Le 2e bataillon n'avait plus un seul officier. Rjev était encore une fois dépassé en horreur. Les Feldwebel et les caporaux arrivèrent encore à rassembler tout le monde dans le Schmetterlingswald, le bois aux papillons, pris dans la journée, et à amorcer une retraite sur Podsobonovka et Soborovka d'où les Allemands étaient partis l'avant-veille. Le lendemain, on se regroupait encore plus loin en arrière, toujours sous la pression de l'ennemi et sous la protection des derniers Tigre qui se battaient comme des diables contre le T 100. La steppe était parsemée de carcasses de chars fumantes et de cadavres qui se décomposaient au soleil de juillet. La pénétration extrême du 18e dans les lignes ennemies n'avait pas dépassé douze kilomètres dont chaque mètre avait coûté des seaux de sang. Seulement au sud, de l'autre côté du grand saillant de Koursk, l'offensive allemande avait pu gagner un peu plus de terrain. Les chars du maréchal von Manstein avaient pu pénétrer de trente-cinq kilomètres en profondeur dans le dispositif ennemi, mais ils avaient dû rebrousser chemin devant la violente contre-attaque des brigades blindées du maréchal Koniev tenues en arrière-main depuis le début de l'offensive allemande.

Ni les Stukas, ni les Ferdinand ou les Tigre, ni les monstrueux lance-roquettes aux bombes incendiaires de 320 appelées « Stuka zu Fuss » (Stuka à pied) par les grenadiers allemands, n'avaient pu changer le destin. La fortune avait définitivement quitté les drapeaux allemands, et, désormais, le dernier soldat du Führer le savait. Le 12, une brusque offensive russe au nord d'Orel surprit le groupe d'armées centre du maréchal von Kluge et sonna le glas de l'opération « Zitadelle ». Le régiment 18 dut se retirer sur ses positions de départ du 5 juillet et soutenir les efforts des divisions engagées plus au nord pour repousser la nouvelle offensive russe. « Il nous fut terriblement lourd d'accepter que tout avait été vain, que les objectifs ordonnés n'avaient pas été atteints et que tous nos camarades étaient encore tombés pour rien », note désabusé le chroniqueur du régiment.

Mais il y eut tout de même une joie dans cette tristesse. Le 28 juillet, le commandant du régiment, Stephan Höke, reçut la croix de chevalier. Il était le quatrième homme du régiment à la recevoir. Les combats continuaient. Aussi, ce jour-là, n'étaient-ils que quatre à son PC pour boire une bouteille avec lui. Un peu plus tard, quatre autres se joignirent à eux, quatre pauvres types en haillons et couverts de boue, venus de la première ligne toute proche. Tout ce qu'ils avaient pu apporter pour exprimer leur satisfaction était une modeste couronne faite de feuilles de chêne qu'ils collèrent au cou de leur commandant. « Avec cette croix de chevalier, nous sommes tous honorés, écrit le chroniqueur, que ce soit nous qui avons combattu ici, ou nos blessés qui sont au pays, ou tous ceux qui ont consenti le sacrifice suprême... »

Le lendemain, Spieker était de retour. Lui qui avait capturé le commissaire russe portait désormais, par dérision, la médaille du Drapeau rouge à côté de sa croix de fer. Peu de temps après ce fait d'armes, Spieker avait touché une mine qui lui avait abîmé le pied gauche, et on avait dû le transporter en arrière. C'était sa dixième blessure, après deux « égratignures » pendant les deux premiers jours de l'attaque. Chaque fois, il avait voulu rester avec sa compagnie. Mais, cette fois-ci, le commandant Höke en personne avait ordonné son évacuation. Le train qui le ramenait à l'arrière fut bombardé, et un des éclats qui avaient criblé son wagon toucha le lieutenant à la cuisse. Mais l'officier le plus troué du régiment ne tenait pas longtemps entre deux draps blancs. À la fin de ce mois de juillet, il était de retour au régiment, juste à temps pour féliciter son commandant pour sa haute distinction.

D'où tous ces hommes tiraient-ils leur force pour continuer de servir leur drapeau, alors qu'ils auraient pu se reposer un temps sur leurs lauriers et leurs cicatrices ? Pour persévérer en dépit d'une série de reculs qui auraient miné le moral de bien d'autres armées du monde ? Était-ce leur foi en leur Führer ? Ils l'avaient perdue depuis longtemps. Était-ce le sens du devoir ? Sûrement. Leur attachement à leurs camarades ? Plus sûrement encore. Ils étaient devenus membres d'un ordre qui n'acceptait pas n'importe quel adepte, dans lequel le néophyte était coopté uniquement par le sang, le sang versé pour la patrie, un ordre dont on sortait bien plus difficilement que l'on y entrait, un ordre qui récompensait les mérites par quelque chose qu'on ne trouvait pas au coin de la rue : le respect de soi-même.

Crurent-ils encore en la victoire, ces hommes ? Point. Ils n'étaient ni des béats, ni des primitifs. On ne pouvait pas leur raconter des histoires. Désormais, ils connaissaient parfaitement le rapport des forces dans cette guerre qui les absorba. Ils n'étaient pas dupes au point de ne pas savoir que ni eux ni leurs adversaires ne pouvaient se soustraire à l'engrenage dans lequel les emprisonnaient leurs régimes respectifs. Russes ou Allemands, ils étaient victimes d'une machine inhumaine qui les broyait sans distinction et ne leur laissait pas le temps de réfléchir au sens de leur sacrifice. Ainsi étaient-ils devenus presque des partenaires d'une même entreprise insensée, et il s'était installé entre eux une sorte de respect mutuel basé sur la certitude qu'ils étaient tous maîtres dans un métier qu'ils possédaient à la perfection : tuer un maximum d'êtres humains dans un minimum de temps et avec un minimum de moyens. Et ceci sans haine ? Plutôt avec un regret désabusé.

Le lieutenant Spieker était de ceux-là. Et c'est pourquoi il avait préféré revenir à sa compagnie le bras en écharpe plutôt que de moisir dans un hôpital de Berlin ou de Baden-Baden.

Le 17 juillet, deux jours après la fin de « Zitadelle », les Tigre du major Sauvant étaient revenus, alors que 30 ou 40 T 34 avaient passé les lignes allemandes près de Nijni-Tagino et malmené les quelques canons d'assaut qui avaient tenté de s'opposer à eux.

Au moment où Sauvant arriva avec ses quinze monstres d'acier à hauteur des fantassins du 18e, les chars russes avaient disparu dans une dénivellation, sans doute pour se regrouper et pour reprendre leur avance. Sauvant n'hésita pas une seconde et n'attendit pas l'infanterie de soutien promise : il fonça. Les Russes lui envoyèrent un tapis d'obus d'artillerie et de katioushkas qui n'arrêtèrent pas les chars allemands. Sauvant avait reconnu les chars ennemis dans leur ravin. Il intima à dix Tigre de contourner le ravin par le sud et d'attaquer l'ennemi par-derrière. Lui-même attendit que la manœuvre fût exécutée pour foncer simultanément sur les Russes. L'affaire ne prit pas plus de quinze minutes. Les Tigre tirèrent dans le tas et leurs 88 firent des ravages, les obus de manganèse et nickel frappant les T34 du haut à leur endroit le plus vulnérable.

Trente-deux chars ennemis étaient en flammes, pas un seul n'en réchappa. « Le désastre était tel que les fantassins russes, complètement paniqués, se rendaient à nous par dizaines », raconte la chronique de cette journée du 17 juillet 1943. Tous les Tigre rentrèrent, acclamés debout par les grenadiers. Ils avaient fait du bon travail, les copains de l'armée blindée, du bon travail de techniciens de la mort. Le major Sauvant reçut les feuilles de chêne à sa croix de chevalier. « Et tout notre régiment se réjouissait pour lui », ajoute le chroniqueur.

Ce fut à peu près le dernier spectacle réjouissant auquel les vieux grenadiers du 18e assistèrent dans cette guerre, ce jour du 17 juillet 1943. Le dernier de cette guerre qui était déjà perdue à l'est et qui le serait bientôt au sud et à l'ouest. Un an plus tard, le 18e n'existerait plus, il aurait disparu corps et âme, dans le grand crépuscule des dieux sur la Bérézina. Une « annus horribilis » s'annonçait, une nouvelle succession de drames et d'héroïsme, héroïsme inutile et d'autant plus admirable.

Le régiment se retira en une longue marche coupée d'arrêts, de combats défensifs dérisoires et sanglants. C'était toujours un cours d'eau qu'il fallait tenir. La Kroma d'abord, puis le Ssev, puis la Desna, et, finalement, le Dniepr, ce grand fleuve paresseux comme le Don ou la Volga, qui pousse ses masses d'eau vers la mer Noire. Serait-ce enfin la ligne à ne plus dépasser vers l'ouest, la dernière barrière à tenir absolument ?

C'était l'été, un été chaud et humide. Il pleuvait parfois vingt-quatre heures sans arrêt. Le pays devint, comme en 1941 à Viasma et en 1942 à Rjev, une mer de boue qui engloutit hommes, armes et chevaux. Le Russe était une fois de plus le plus rapide et encaissait des trains entiers de l'adversaire en fuite. Fin septembre, les hommes de Höke eurent pour la première fois un nouveau char ennemi devant eux. C'était le « General-Lee » américain livré massivement par l'allié d'outre-Atlantique. Il était difficile à démolir, les canons antichars ne les perçaient pas toujours, et ces monstres de cinquante tonnes appliquaient les mêmes techniques de destruction que leurs concurrents T34 : ils s'arrêtaient au-dessus d'un trou ou d'une tranchée et accomplissaient un tour complet sur eux-mêmes, ensevelissant toute vie sous la terre déplacée par leurs chenilles et par leur poids.

Mais Höke, bombardé colonel depuis le 4 septembre, réussit à tenir sa bande rassemblée. Les pertes n'en n'étaient pas moins aussi considérables que pendant les grandes batailles des premières années. Lorsque le régiment arriva, le soir du 30 novembre, sur une ligne préparée à l'avance près de Shlobine, sur le Dniepr après des engagements ininterrompus et une marche épuisante de trois cents cinquante kilomètres, il avait perdu 257 tués et 778 blessés. La liste des officiers éliminés était particulièrement impressionnante : 9 avaient été tués et 21 blessés. Comment remplacer un tel trésor de chefs expérimentés et de merveilleux entraîneurs d'hommes ?

Le lieutenant Johannes Rompzick, un garçon de Danzig, fut le cinquième porteur de la Ritterkreuz du régiment. On lui colla aussi sur la poitrine la nouvelle broche en or pour bravoure au combat rapproché, parce qu'il avait accompli une série de faits d'armes invraisemblables pendant les combats à l'est du Dniepr en défendant la HKL, la ligne principale de défense. Rien que le 15 septembre, il tint seul, avec les sept hommes de sa 7e compagnie qui lui restaient, la colline 220 à l'est de Kromy face à cinq attaques répétées des Russes, soutenues par des chars, un combat à un contre cinquante, jusqu'à l'arrivée des renforts.

Sur une colline voisine, le lieutenant Max Hunzinger,

celui de Rjev, contre-attaqua avec dix hommes une position tenue par trois fois plus de Russes et les délogea. Le lendemain, le lieutenant Schönrath de la 3e compagnie fut à cette même occasion mortellement blessé d'une balle explosive dans le ventre. Il se traîna vers l'arrière, se pointa devant son commandant de bataillon, le capitaine Hellwege, fit son rapport et s'effondra, mort.

Furent également tués pendant ces combats les deux Feldwebel les plus décorés du régiment après l'inoubliable Albert Schnitger : Stürmer de la 7e et Michels de la 8e compagnie, tous les deux porteurs de la croix allemande en or, tous les deux déjà cinq et six fois blessés auparavant, tous les deux prévus pour la promotion au rang d'officiers.

Que leur avait-on dit à tous ces jeunes lieutenants, là-bas en Allemagne, à la sortie de cette École de guerre qui n'arrivait plus, classe après classe, à fournir assez de chair humaine à la grande boucherie, à ces Rompzick et Hunzinger et Bovensiepen et autres Schonrath, au moment où on leur avait remis leur diplôme de promotion ? On leur avait dit que, statistiquement, leur espérance de vie dans cette guerre était de trois semaines. Tant pis ! Ils y allaient. L'idée de s'y soustraire ne venait même pas à l'esprit de ces jeunes gladiateurs. La mort ou la gloire. La croix de fer ou la croix de bouleau.

Lorsque le petit Rompzik à la face d'ange reçut sa croix de chevalier pour sa folle ténacité, il reçut aussi un télégramme de félicitations du chef du régiment, le maréchal von Rundstedt. Au cours de la petite cérémonie au PC du régiment, la porte s'ouvrit et laissa passer le général Corle Becker, l'ancien patron du régiment qui avait tenu à faire trente kilomètres pour être présent à la fête. « Ainsi, le plus ancien et le plus jeune des chevaliers de la croix de fer du régiment s'étreignirent-ils sous les applaudissements du corps des officiers. » Rompzick fut l'un des très rares survivants de ce corps. Comme presque tous les autres officiers allemands qui n'avaient pas été fauchés par l'apocalypse, il fera cinq ans de camp en Russie avant de revenir au pays, de diriger une maison d'expédition à Hanovre et de mourir en 1970.

L'aventure d'un autre lieutenant du régiment mérite

d'être racontée. Il s'appelait Markmann, Dieter Markmann. Il suivait un stage d'instruction sur un nouveau système d'armes dans un village derrière le front. Le régiment était au repos. Nous étions à Pâques 1944, près de Shlobine, sur le Dniepr. Markmann rencontra des officiers d'autres unités de la division qui lui racontèrent que des fonctionnaires nazis opérant dans le coin avaient commencé à déporter des enfants russes en Allemagne. C'étaient de petits orphelins de guerre « racialement propres » qui devaient être formés dans le Reich, dans les écoles des cadres de la SS pour remplir plus tard de hautes fonctions dans l'administration allemande en Russie conquise.

Un jour, une femme se pointa en pleurs devant Markmann et lui raconta que des gens étaient venus lui dire que son fils de quatorze ans devait être transféré en Allemagne. Markmann prit le garçon par la main et l'enferma toute la journée dans sa chambre d'officier dont la porte était marquée à son nom. Le petit Russe échappa ainsi à la déportation. Trois mois plus tard, l'officier fut fait prisonnier par les Russes dans la débâcle de son régiment. L'officier russe qui l'interrogea lui dit :

— Vous êtes le lieutenant Dieter Markmann. Vous allez revoir votre pays, car vous avez sauvé la vie d'un jeune Russe.

Lorsque l'Armée rouge avait réoccupé la région de Shlobine, la mère du garçon avait raconté son histoire à un officier, et celui-ci avait fait un rapport à Moscou.

De la fin de l'année 1943 jusqu'en été 1944, le régiment de grenadiers 18 vécut une période de calme relatif sur ses positions défensives le long du Dniepr, non loin du confluent de la Bérézina et à soixante kilomètres à l'est de la ville de Bobrouisk. On remplit une fois de plus les vides ; des nouveaux officiers et sous-officiers arrivèrent pour encadrer les unités, mêlés à des « anciens » guéris de leurs blessures. Les soldats vaquaient à leurs occupations, allaient au cinéma à Bobrouisk et risquaient un flirt avec les jeunes filles russes. Celles-ci, plutôt sûres d'elles-mêmes, étaient un peu distantes car elles savaient que ces combattants en vert-de-gris n'en avaient plus pour longtemps dans leur beau pays. Une d'elles lança même un jour au caporal

Willi Demmer de la 3e compagnie : « À la pâque, Russki soldat ici et Germanski soldat en Allemagne. » Cela rappelait au jeune Demmer une autre interpellation proférée dans des circonstances plus dramatiques. Un jour, le commandant d'un char « Général-Lee », qui s'était immobilisé devant le trou occupé par le caporal allemand, lui avait crié en mauvais allemand : « *Kamorad komm raus, Du Arbeiter, ich auch Arbeiter !* » (« camarade, sors de là, toi ouvrier, moi aussi ouvrier ! ») Et Demmer avait pu s'échapper.

La petite Ukrainienne aux nattes blondes ne s'était trompée que de quelques semaines dans sa prophétie. À Pâques 1944, le caporal Willi Demmer, un catholique fervent et radio au régiment 18, alla à la messe célébrée par l'aumônier de la division, le baron Geyr von Schweppenburg, dans une grange, chapelle improvisée en haut d'une petite colline sur les bords du fleuve, que les hommes du régiment avaient baptisée « couvercle de cercueil » à cause de sa forme carrée. Dans le petit livre de souvenir que le caporal a publié après la guerre, pour sa famille et ses amis, il raconte cette journée de Pâques 1944 en Russie.

« La grange fut vite remplie, nous étions une bonne quarantaine. Nous chantions nos beaux chants de Pâques et écoutions la Bonne Nouvelle de la Résurrection. Après le sermon de l'aumônier, nous échangeâmes nos impressions et nos pensées. Nous parlions de la force de la grâce, de la résurrection de la chair, de la réunion avec nos camarades morts, tout cela étant les fruits de la victoire pascale. Nous pouvions nous en réjouir, et dans cette joie nous voulions trouver la force de nous maintenir debout dans les heures les plus sombres. Nous allâmes tous à la Communion, ou plutôt le prêtre se rendit auprès de chacun de nous pour nous donner le pain de la vie, excepté un camarade qui baissa la tête et chuchota “Je suis protestant”. »

9

Rester debout dans les heures les plus sombres. À quoi pensait le caporal Willi Demmer, radio à l'état-major du régiment de grenadiers 18 à Shlobine sur les rives du Dniepr en priant le ciel en ce jour de Pâques 1944 ? Jetait-il un regard sur tout ce qu'il avait vécu en trente-six mois de campagne en Russie et demandait-il au bon Dieu de lui être d'un ultime secours dans les épreuves à venir ? Avait-il la prémonition de ce qui allait advenir à son régiment ?

Le front sur le moyen Dniepr était encore calme quand commença le mois de juin. Trop calme. Pas un coup de feu depuis des semaines. Le régiment, cantonné dans de solides fortifications qui couraient le long de la rive droite du fleuve et la surplombaient, permettant un vaste regard dans le hinterland adverse, avait établi, par précaution, une petite tête de pont sur la rive orientale. Reliée par un pont de chemin de fer, elle prenait régulièrement le pouls de l'ennemi en envoyant des patrouilles dans les vastes forêts de l'autre côté. Le Russe aussi s'était cantonné sur des positions d'attente. Ses lignes étaient minces, et rien ne laissait deviner une quelconque activité imminente ou un renforce ment spectaculaire de ses moyens.

Mais ce calme inquiétait les officiers du 18ᵉ. Il durait depuis trop longtemps et rien n'indiquait que l'Armée rouge se contenterait des considérables gains de terrain qu'elle avait effectués sur l'envahisseur durant l'année 1943. Ce calme n'était-il pas plutôt le signe d'une vaste préparation d'une nouvelle offensive ? Les officiers du 18e, du commandant Höke au plus jeune des lieutenants, étaient inquiets. Ils étaient dans le brouillard le plus complet, et aux échelons supérieurs, à la division, au corps d'armée, personne ne semblait en savoir plus.

Un événement fâcheux les avait irrités. Au début du mois de juin, tous les grands commandements à l'intérieur du groupe d'armées centre furent changés. Walter Model partit, remplacé par un général inconnu, Harpe, à la tête de la 9e armée. Lemelsen quitta le commandement du corps d'armée. Grossmann, le commandant de la 6e division, qui avait mené cette grande unité avec courage et dextérité à travers les tempêtes de l'année 1943, remit son commandement à un général Heyne qui venait du front sud et ne connaissait rien aux particularités du front centre. Une des divisions voisines avait changé également de commandant. Plus inquiétant encore ; tous les commandants de régiment de la 6e division, à part celui du 18e et tous ceux des unités de soutien — artillerie, génie, communications — furent remplacés par des officiers parfaitement inconnus. Pour compléter le tableau, tous les officiers d'état-major de la division durent transmettre leurs fonctions aux mains de successeurs dont quelques-uns n'avaient aucune expérience du théâtre russe.

L'Oberleutnant Rompzick nota dans son Journal : « Vu la probable imminence d'une grande offensive russe, ces mesures ne trouvèrent aucune compréhension parmi les officiers du régiment. Aucun officier supérieur n'était en mesure de nous fournir une explication. Je ne peux pas dire que ces mesures renforcèrent notre confiance en l'avenir. » Son camarade, le lieutenant Helmut Erley, était allé plus loin. Après la guerre, il confia à Ernst-Martin Rhein, auteur d'une histoire officielle du 18e régiment : « À l'état-major du régiment et chez tous les officiers courait une rumeur selon laquelle il y aurait eu trahison dans le but de créer un chaos parmi les troupes du front centre et d'accélérer ainsi la fin de la guerre. »

Une autre source de préoccupations se faisait jour. Depuis le 6 juin, le bon vieux slogan « À l'ouest rien de nouveau » n'avait plus cours. Les alliés avaient débarqué en Normandie, et le vieux cauchemar germanique d'une guerre sur deux fronts était entré dans sa phase la plus aiguë de réalisation. Les camarades du front de l'Ouest pourraient-ils tenir, voire rejeter l'ennemi à la mer ?

Les officiers du régiment 18 appliquaient la méthode Coué avant la lettre. « Des voix s'élevaient, disant que nous allions bientôt gagner la guerre maintenant que les Anglo-Américains avaient enfin osé nous affronter directement en débarquant sur le continent », notait l'un d'eux. Nous n'avions attendu que cela. On allait s'en occuper, ils allaient être détruits.

Le 18 juin, le colonel Höke écrivit une lettre au capitaine Rhein, toujours en cours de guérison de la grave blessure dont il avait été victime presque un an auparavant à Rjev, dans un hôpital de Berlin. « Le combat si longtemps attendu a enfin commencé à l'ouest. Il croît chaque jour en intensité. Hier, nous avons reçu la bonne nouvelle du premier emploi de notre nouvelle arme de dissuasion, le VI. Tous nos bons vœux accompagnent nos camarades à l'ouest, en premier lieu notre très vénéré chef du régiment, le maréchal Gerd von Rundstedt, qui commande le front de Normandie en tant que commandant suprême à l'ouest. Quant à nous, nous avons fait le plein de nos effectifs et nous sommes au meilleur de notre forme. Ce constat est valable pour toutes les autres unités de notre division. Ainsi espérons-nous pouvoir accomplir, sous la conduite de l'excellent général Heyne, tous les devoirs que l'on voudra bien nous imposer. »

En réalité, le colonel Höke était non moins inquiet que ses commandants de bataillons et de compagnies. Il n'arrêtait pas de convoquer ses officiers à des Planspiels au cours desquels il leur faisait toute sorte de recommandations pour la conduite du futur combat. Pour la première fois il leur enseigna « le combat en situation d'encerclement », combat qu'on avait déjà expérimenté lors des deux derniers hivers mais qu'il fallait sans cesse peaufiner. Tous ces officiers savaient que l'armée russe leur était désormais très largement supérieure, et que, par conséquent, il fallait toujours s'attendre au pire. Une des tactiques dans lesquelles les Allemands avaient déjà brillé au nord et au sud du front était celle de la « chaudière itinérante ». Une troupe encerclée se retirait, en combattant tous azimuts, lentement, en direction du front principal, pour faire la jonction avec le gros de l'armée. Mais ce genre de combat demandait une cohésion extraordinaire entre les différents éléments de la « chaudière » et un art consommé du commandement. Était-ce donc ce genre de conduite d'une guerre qui attendait les officiers du 18ᵉ ?

Comme à Rjev, le régiment défendait le saillant le plus à l'est du front centre. Tenir un saillant rendait toujours mal à l'aise. Cette position invitait l'ennemi à l'attaquer sur plusieurs fronts ou à le contourner. Où allait donc attaquer le maréchal Rokossovski, commandant suprême du « front biélorusse », ce nouvel « ennemi chef » après Koniev à Rjev ? Les hommes du 18ᵉ attendaient. Ils fignolaient leurs armes, vérifiaient pour la énième fois le bon fonctionnement de leurs lignes de communications, poussaient au maximum l'efficacité de leur système de défense antichar et attendaient toujours.

Rokossovski déclencha son offensive le 22 juin 1944, jour anniversaire du début de l'attaque hitlérienne contre la Russie. Il l'avait appelée « Bagration », d'après un des héros de la guerre contre Napoléon. Il ne porta aucun effort sur le centre. Mais ses blindés attaquèrent au nord du saillant tenu par la 6ᵉ division, à la hauteur de la ville de Rogatchev, et au sud près de la ville de Mormal. Les deux bras de cette pince d'acier visaient la cité de Bobrouisk sur la Bérézina, plaque tournante du ravitaillement de la 9ᵉ armée. Si leur jonction réussissait, les sept divisions de première ligne de la 9ᵉ armée, parmi lesquelles la 6ᵉ fixée le plus à l'est, seraient prises dans la nasse. Depuis un an, les maréchaux russes avaient appris la Blitzkrieg des Allemands. Ils la possédaient même à la perfection, et ils la menaient avec des moyens infiniment efficaces et illimités, renforcés encore en chars et en avions avec l'aide de l'Oncle Sam, de l'autre côté de l'Atlantique.

Depuis le 24 juin, les hommes du 18ᵉ régiment dans leurs blockhaus sur les hauteurs du Dniepr pouvaient entendre le grondement d'une bataille au nord de leurs positions. Une bataille qui se déplaçait avec une vitesse inquiétante vers l'ouest. Au sud, à plus grande distance, le bruit de l'artillerie allemande se faisait aussi de plus en plus fortement entendre. Là aussi, les soldats avaient l'impression qu'une guerre de mouvement avait commencé, après de longues semaines d'immobilité.

Plus inquiétant encore, les grandes forêts derrière le front à l'ouest de Bobrouisk étaient infestées de partisans qui se manifestaient de façon de plus en plus désagréable. Rien que dans la nuit du 19 au 20 juin, deux jours avant le début de l'offensive, les services de l'arrière allemands avaient compté dix mille cinq cents détonations d'explosifs dirigées contre les lignes de chemin de fer, les routes, les ponts, et contre des dépôts allemands. Il était évident que les chefs des troupes d'assaut russes avaient ordre de s'unir le plus rapidement possible avec ces éléments de l'armée clandestine pour augmenter encore la confusion qui ne tarderait pas à régner dans les rangs de l'ennemi.

Un autre fait nouveau pour le haut commandement allemand était l'usage massif de l'aviation par l'Armée rouge. Jamais auparavant une masse aussi écrasante de bombardiers et chasseurs-bombardiers ne s'était acharnée sur les troupes allemandes, jamais les chars russes n'avaient été aussi efficacement appuyés, dans leur avance, par leurs camarades aviateurs, que dans cette nouvelle offensive.

Les hommes du 18e ne devinaient qu'acoustiquement le drame qui se déroulait à leur gauche. À part quelques tirs d'obus de 150 que les Russes leur envoyaient par-dessus le fleuve, leur front immédiat restait aussi calme que tous les jours précédents. Pourquoi diable ne leur donnait-on pas d'ordre, s'interrogeaient les officiers. Qu'est-ce qui se passait à leur gauche, derrière eux ?

Le lieutenant Helmut Schmude, qui commandait la compagnie de commandement du régiment, a évoqué ces heures d'attente. « Le 24 juin se déroula sans événement dans notre secteur. Au nord de Shlobine, chez notre voisin de gauche, nous pouvions entendre un tir d'artillerie assez vif. Nous ne nous faisions pas de soucis. Aussi longtemps que le commandant ne donnait pas d'ordre, tout devait être OK. Cependant, le bruit du combat s'accentua. Le feu de l'artillerie se déplaçait vers l'arrière de notre voisin de gauche. On se mit à penser à un mouvement de contournement de notre flanc gauche. Mais nous avions déjà si souvent entendu le feu derrière nous pendant toutes ces années pour ne pas nous inquiéter. Comme de coutume, nous avions confiance en notre commandement. »

En fait, cette attente serait fatale au régiment. Vingt-quatre heures passèrent sans que qui que ce soit ne bougeât, vingt-quatre heures d'un temps précieux qui auraient suffi pour sauver le maximum des hommes du 18e grenadiers. Ce n'est que le lendemain, le 25 juin à 5 heures du matin, que Höke ordonna à ses deux bataillons et à son « groupement de combat » (l'ancien 3e) d'amorcer le mouvement de décrochage. Comme d'habitude, tout se passa sans histoire et avec méthode. Le régiment devait se retirer le long de la route qui mène à Bobrouisk et occuper de nouvelles positions des deux côtés de la « Rollbahn », vingt kilomètres à l'avant de la Bérézina et de la ville. Sur le moment, le Russe n'exerça aucune pression. Peu d'infanterie, pas d'artillerie, pas de chars, pas d'aviation. Cette dernière se contentait de lancer quelques bombinettes sur la colonne de nuit, avec ses vieux coucous monomoteurs que les soldats allemands appelaient depuis 1941 les « machines à coudre ». La marche du régiment dura une nuit, un jour et une autre nuit. « En dépit de la retraite que nous n'aimions pas particulièrement, notre moral était bon, et notre vieux sentiment de supériorité nous accompagnait », note le lieutenant Schmude.

Le 27, le régiment était solidement installé sur ses nouvelles positions. Les armes étaient en place, les effectifs au complet. Le soleil se levait et chauffait les hommes, raides et fatigués par cette marche inhabituelle après un aussi long repos. Les roulantes avançaient et distribuaient la soupe. Ce serait le dernier repas pris en commun par les hommes du 18e.

Ce que les officiers ignoraient, c'est que les deux bras de la tenaille russe s'étaient déjà refermés dans leur dos sur Bobrouisk, que la plus terrible panique régnait dans la ville et dans les états-majors des divisions détruites, sur les routes qui menaient, du nord, du sud et de l'ouest, à la vieille citadelle sur la Bérézina. C'était une fuite éperdue d'hommes, de chevaux, de véhicules. Toute cette masse d'hommes et d'animaux était dépassée, poussée, écrasée par les chars vengeurs. Les premiers éléments de l'ennemi avaient déjà investi la ville et commencé leur horrible boucherie dans les foyers et les hôpitaux où des blessés graves, qui n'avaient pas pu être évacués, étaient livrés sans défense à la soldatesque. La 9e armée avait pratiquement cessé d'exister. Les divisions qui avaient pu se sauver du désastre étaient disloquées et avaient donné ordre à leurs unités de tenter de se frayer une sortie à travers les mailles du filet russe. Jamais « Blitz » soviétique n'avait été aussi foudroyant.

Les hommes du 18e grenadiers trempèrent leurs cuillères dans leur rata et lorgnèrent vers l'est, dans la direction où devaient — parbleu ! — apparaître les premières avant-gardes de l'ennemi. Ils avaient le vague sentiment qu'ils devraient livrer leur dernière bataille. Le dernier morceau de pain avalé, la danse commença. Elle commença par un ballet d'avions qui les survolaient et disparaissaient derrière eux, là où, à six kilomètres de distance, une vaste et dense forêt bouchait la vue sur le fleuve et la ville. Peu de temps après, le tonnerre d'un épouvantable tapis de bombes, entrecoupé du tac-tac-tac des canons et mitrailleuses de bord des chasseurs-bombardiers, se fit entendre. Le bombardement dura vingt minutes, et puis les avions repassèrent les positions du 18e en sens inverse. Les officiers étaient en pleine confusion. Quelle pouvait être la cible sur laquelle s'acharnaient les aviateurs ennemis ? Qu'est-ce qui se trouvait dans cette forêt derrière eux pour être si sévèrement bombardé ? Une peur terrible s'empara d'eux. Et si c'étaient les trains, leurs trains qui s'étaient mis en route les premiers pour gagner à temps le pont de la Bérézina et qui n'avaient pu le traverser à cause des encombrements ?

Schmude et ses camarades n'avaient pas eu le temps de comprendre la situation que les premiers obus de l'artillerie russe commençaient à pleuvoir. Le commandement russe avait décidé d'en finir avec cette dernière poche ennemie. « L'ennemi, nullement intimidé, se sentant supérieur, attaquait, note sobrement Schmude...

« Ce fut le dernier combat du RI 18. Près de Telusha, à

l'est de Bobrouisk, les combats étaient durs. Sept chars ennemis percèrent nos lignes. Nos défenses antichars étaient trop faibles. Le 2e bataillon fut littéralement éjecté de ses positions. À grand-peine ses survivants, sous la conduite du capitaine Hellweg, gravement blessé, essayèrent de se retirer vers le fleuve. Des masses de fantassins russes passèrent à travers la brèche ouverte par les chars. Nos trains étaient hachés par le feu. Dans la confusion, certains camarades tiraient sur des soldats allemands. Était-ce la fin ?

« Le commandant du régiment, le colonel Höke, décida de ramasser les parties de régiment qui lui restaient encore et de les installer sur une nouvelle position, huit kilomètres plus à l'ouest. Il tenta de former, tard dans l'après-midi, une nouvelle mais très mince HKL [ligne principale de défense]. »

Regardons-les encore une fois, ces hommes du colonel Höke, avant qu'ils ne disparaissent de notre vue engloutis par les tourbillons du naufrage. Ces hommes qui étaient devenus des robots de la guerre, mais qui étaient restés, au fond de leur cœur, des humains, des humains avec leurs doutes, leurs espoirs et leurs désillusions. Ils étaient partis des frontières de la Prusse-Orientale un beau matin d'été tels leurs ancêtres, les chevaliers Teutoniques originaires, comme eux, des douces collines de Westphalie. Comme ceux-ci, partis au XIIIe siècle, pour christianiser, voire civiliser l'immensité slave et païenne, ils avaient cru en leur nouvelle mission qui était de protéger l'Occident d'un danger encore plus redoutable, de libérer le peuple conquis d'une domination contre nature, le « judéo-bolchevisme asiatique ». Mais le temps des doutes était bientôt venu. Des doutes quant au bien-fondé de leur cause. Des doutes quant à la moralité de leur chef suprême. Des doutes encore en la capacité de leur armée à surmonter les difficultés de ce pays, de son climat et de sa terre, et d'atteindre avant l'hiver le repaire du loup pour lui assener le coup fatal. Et d'obtenir ainsi la récompense suprême, la victoire du premier peuple d'Europe sur ses adversaires.

Dès que tous ces doutes s'étaient fixés en eux et avaient

pris possession de leur esprit, il ne leur restait plus qu'à adopter une sorte de fatalisme, de philosophie du désespoir. Désormais, il fallait continuer, en l'absence de tout objectif. Une paix de compromis n'était-elle pas possible ? Une chance de revenir vivant au pays était-elle possible ? Peut-être la mort serait-elle clémente. Avait-on le droit de survivre quand tant et tant de camarades étaient tombés ? Quelle était l'espérance de vie d'un lieutenant de vingt ans qui entrait dans cet enfer ? Vingt et un jours ? Ou un jour de plus ?

Regardons-les de près. Voici Heinrich Austermann, le lieutenant Austermann, l'exception puisqu'il a survécu à la guerre et à la captivité. Un beau palmarès. Chef de section en 40, commandant de compagnie en 42, commandant de bataillon en 43, le gars qui lisait Gogol entre deux boucheries et pleurait sur la beauté des plaines russes.

Voici Hellweg, le dernier commandant du 2e bataillon, fils d'un gros commerçant de Düsseldorf, catholique et marié à une Rhénane catholique comme lui. Hitlerjugend, croix allemande en or pour bravoure exceptionnelle à Rjev. Un des derniers « vieux » du régiment. Il ne survivra pas à la Bérézina. Blessé et incapable de continuer à commander, il confia ce qui restait de son bataillon à un Feldwebel et se logea une balle dans la tête pour ne pas tomber aux mains des Russes.

Son ami et camarade Karl Deneke commandait le 1er bataillon. Il était revenu le 8 décembre 1943 au régiment après avoir été blessé, à la tête de son bataillon, le premier jour de l'opération « Zitadelle », par une balle de chasseur-bombardier russe. Deneke était marié et père de trois enfants, il était « vieux » par rapport à ses copains, trente ans ! On l'aimait pour son extraordinaire calme en toutes circonstances, devant toutes situations, pour son « Ubersicht », son sens du devoir, pour son instinct. Son instinct ne le quitta qu'une seule fois, le matin du 28 juin 1944, lorsque, à la recherche d'une de ses compagnies perdue dans la débâcle, il tomba en plein sur une patrouille russe. Il eut juste le temps de diriger son lourd pistolet de service 08/15 contre sa tempe et de presser sur la détente avant que la main d'un commissaire rouge ne s'abattît sur lui.

Même chose pour Will Schlecht, le capitaine Schlecht. Il était sorti du rang comme Scheiter et Becker, et il commandait depuis Orel le groupement de combat du régiment, l'ancien 3e bataillon de Neuhoff et de Kageneck. C'était un Rhénan qui faisait rire tout le monde, qui connaissait un nombre incalculable de petites histoires drôles de sa Cologne natale, qui consommait d'énormes quantités de bière et de schnaps si l'occasion s'en présentait. Schlecht avait conduit l'arrière-garde du régiment qui était restée jusqu'au dernier moment sur le Dniepr pour donner le temps aux camarades de se retirer en bon ordre sur Telusha. Il le paya très cher. Rattrapé, bousculé, déchiqueté, son petit groupe dut se battre à l'arme blanche contre les poursuivants pour sauver ce qui restait encore à sauver. Schlecht, fauché par une rafale de mitraillette à hauteur du ventre, mit fin lui-même à ses jours, comme les commandants des deux autres bataillons du régiment.

Naufrage sur la Bérézina. Le régiment courut, se dispersa, se dilua. Ces hommes disciplinés qui avaient toujours ensemble, soudés, fait face à toutes les situations s'effritèrent, s'évaporèrent. Où était le colonel ? Personne ne l'avait vu, le colonel Steppan. Où était Steppan, notre infaillible commandant ?

Stephan Höke était assis sur l'affût d'un pak 75, le dernier pak du régiment, en position sur la Rollbahn qui mène à Bobrouisk, à l'entrée de la grande forêt de pins qui étale ses frondaisons jusqu'à la rive du grand fleuve. Là, il attendit les restes de son régiment pour établir une dernière ligne de défense. Il fit signe à tous les éclopés qui n'étaient plus en mesure de se battre, qui s'appuyaient sur un camarade valide pour avancer, de poursuivre leur route jusqu'au fleuve où les attendaient les ambulances. Il arrêta les autres et leur montra la direction où se trouvaient les nids de résistance établis par leurs camarades.

Son pantalon était déchiqueté, et en dessous on apercevait une grande bande blanche. Dans la matinée, Höke avait pris une balle dans la cuisse, sa cinquième blessure dans cette guerre, celle pour laquelle on recevait la médaille du blessé en or. Mais il ne la recevrait pas pour la fixer sur le côté gauche de sa vareuse, en dessous de la croix de fer première classe, pour tenir compagnie à sa croix allemande en or et à sa croix de chevalier qui pendait à son col. Stephan Höke était épuisé, il n'en pouvait plus, ni moralement, ni physiquement.

Mais il était heureux de pouvoir rester avec ses hommes, de leur rendre un dernier service.

C'était un homme tout simple et tout droit. Fils d'un mineur de la Ruhr, mineur lui-même jusqu'à ce jour de l'année 1924 où, à l'âge de dix-neuf ans, il traversa clandestinement la frontière qui séparait le reste de l'Allemagne de la zone française d'occupation de la Ruhr.

Direction Bielefeld en Westphalie, ville de garnison du 18e régiment d'infanterie, un des vingt régiments de la « Reichswehr » que le traité de Versailles avait laissés à l'Allemagne vaincue. Lorsqu'il revint chez ses parents, toujours clandestinement, il possédait le certificat d'incorporation au régiment, certificat qu'il avait soigneusement caché dans ses chaussettes pour qu'il ne tombât point entre les mains d'un « poilu ». C'était un document plus que convoité dans une armée qui ne comprenait pas plus de cent mille hommes.

Höke devint un de ces légendaires sous-officiers de la Reichswehr, il s'engagea pour douze ans et forma, à partir de 1935, la charpente de la nouvelle Wehrmacht d'Adolf Hitler. Qui était capable, selon le vœu du général von Seeckt, créateur de la Reichswehr, d'assurer les fonctions des deux échelons supérieurs au leur. Lorsque la Wehrmacht offrit aux cadres professionnels de l'ancienne armée la carrière d'officier, l'Oberfeldwebel Stephan Höke était parmi les dix-sept sélectionnés de la 6e division, choisis pour participer à une instruction à l'école spéciale de Goslar, dont le directeur était un certain major Erwin Rommel. « Stephan est un type dur comme fer, disait de lui un de ses sous-officiers instructeurs. Il ne boit pas, il ne fume pas, il fait du sport. » « J'ai appris pas mal de choses disait Höke de lui-même, sauf une : danser. » La guerre lui donna l'occasion de s'épanouir, de montrer ses qualités de chef. Toujours au même régiment, le 18e, qu'il avait choisi en 1924 et dont il devint le douzième commandant en 1943, lors de la retraite de Rjev

Peu de temps avant le déclenchement de l'offensive russe, cet officier hautement décoré fit un rapide aller-retour au grand quartier général du Führer en Prusse-Orientale. Il avait serré la main du chef suprême et celle du général Zeitzler, chef d'état-major issu lui-même du régiment. Il était allé à Berlin et avait parlé à des jeunes gens qui s'apprêtaient à être appelés sous les drapeaux. C'était la classe 27. Il leur parla de Rjev, d'Orel, et comment les grenadiers du Führer s'arrangeaient encore et toujours pour repousser toutes les attaques les plus furieuses de l'armée bolchevique...

Ce qui restait du régiment, après que Höke eut réussi à regrouper tout le monde, dépassait à peine les effectifs d'une compagnie. Ils étaient là, dans leurs trous, derrière les arbres. le long des fossés, derrière leurs dernières mitrailleuses, Panzerfaust et mines antichars, et pour la dernière fois ils attendaient. Les mots d'Alfred de Vigny dans *Servitude et Grandeur militaires* venaient à l'esprit. « On passait impunément devant ce corps imposant et sombre, on tournait autour d'eux, on s'en allait et on revenait. Ils étaient inoffensifs, sans colère, sans haine. Ils étaient résignés. Ils attendaient... »

C'était en 1812, lors du désastre de la Grande Armée, ce désastre auquel les soldats de Hitler, qui offraient le même spectacle, avaient si souvent pensé lors de leurs pérégrinations à travers la Russie.

Helmut Schmude, à qui nous devons le dernier authentique récit sur la fin du régiment 18, a raconté la dernière nuit de ses camarades. « Il devait être minuit. Ma montre ne fonctionnait plus. J'entendis des voix sourdes derrière moi. Une isba se dessinait sous le ciel étoilé. Une fenêtre était faiblement éclairée. Dernier rapport au commandant Deneke. Le long du mur se tenaient debout quelques officiers, la figure sombre et maigre à peine éclairée par une bougie, ils ne bougeaient pas. Le commandant du 1er bataillon, le capitaine Deneke, parlait. Nous le connaissions depuis des années. Mais aujourd'hui il nous paraissait étrange. Il prononça des mots dont nous ne comprenions pas tout de suite le sens, "détruire équipement superflu. Emmener seulement ravitaillement. Nom de code Napoléon, sauve qui peut". Il était à bout. Nous aussi. Pas d'autres explications. Des années plus tard, les survivants comprirent le sens des derniers mots de notre commandant Mais il restait quelques paroles dont ils cherchent encore, de nos jours, l'explication... Nous sortions dans la nuit, un sentiment d'abandon et de colère au cœur. Si seulement nous avions pu nous défendre. Mais il y avait là une puissance que nous ne pouvions ni percevoir, ni toucher, contre laquelle nos armes ne pouvaient plus rien, une puissance qui allait nous détruire. »

Ils se défendirent tout de même jusqu'à la dernière cartouche. Ils accomplirent encore des actes de bravoure, d'héroïsme, jusqu'à la dernière goutte de sang. Tel le lieutenant Erley, qui commandait l'arrière-garde du régiment devant la Bérézina. Il passa d'abord devant les trains de son régiment, trains massacrés la veille par les bombardements russes, indescriptible bouillie de corps d'animaux et d'hommes, de sang et de la dernière soupe épandue, de chariots brûlants et de munitions qui sautaient. Et puis il occupa la position que son commandant Höke lui avait assignée, le long du chemin de fer qui longeait la Rollbahn vers la Bérézina. Il disposait du Feldwebel Werner, du génie et de sept hommes. Ils disposaient encore de quelques mines « T » contre les T34 et d'un fusil-mitrailleur MG42, la bonne vieille « Spritze » (l'arroseuse) de Rjev. Les Russes avançaient prudemment le long du chemin de fer, accompagnés de deux chars T34. Un petit pont qui surplombait une rivière les arrêta. Les hommes d'Erley en profitèrent pour leur envoyer quelques rafales de MG42. Le pont sauta à la figure des deux tanks qui ouvrirent immédiatement le feu. Erley eut trois blessés. Il ne pouvait plus les évacuer et devait les garder auprès de lui. Les deux T34 avaient abandonné le ballast et tentaient de traverser la rivière. Une mine T à la main, le Feldwebel Werner rampa vers eux, tandis que son camarade couchait les fantassins russes avec son fusil-mitrailleur. Et Werner, qui avait commandé une section de la 3e compagnie du génie et était l'un des meilleurs spécialistes de la « Panzernahbekämpfung », du combat rapproché contre chars, réussit son dernier coup. Caché par les buissons et les hautes herbes qui couvraient la rivière, il put s'approcher d'un des chars qui s'était enlisé, glissa la mine dans la fente entre la boîte moteur et l'arrière de la tourelle du T34, et tira la corde du détonateur. Dans un fracas, la tourelle s'envola, glissa, tomba de côté, laissant une carcasse fumante. Ce fut le dernier char détruit par le régiment 18.

Helmut Erley a survécu à la guerre, et nous lui devons ce récit, un récit aussi triste que tous les autres. Werner tomba quelques minutes après son forfait sous le feu du deuxième char. Erley et deux de ses soldats furent faits prisonniers par les fantassins russes.

D'autres subirent le même sort. Quelques-uns se cachèrent dans les forêts, les champs de blé, les isbas isolées. Mais ils n'avaient aucune chance d'échapper à la captivité. Les Russes étaient partout. Ivres de vodka et de victoire, ils faisaient la chasse au gibier rare qu'étaient les fascistes en vert-de-gris. Certains parmi ceux-ci croyaient encore à la magnanimité des babouchka. Ils se faufilèrent dans les maisons des villages qu'ils croyaient encore non occupées par l'Armée rouge et demandèrent un bout de pain, un verre d'eau, surtout de l'eau, car la chaleur était écrasante, un gîte même, parce que tous étaient écrasés de fatigue après plusieurs jours d'errance à travers champs et forêts. Ceux qui s'endormaient étaient foutus. Ils se réveillèrent en face de bouches de kalachnikovs : *Niemetski komm, raus, davaï, davaï.*

Helmut Erley raconta ses derniers moments d'homme libre. « Nous étions encerclés. Nous tirions, nous tirions aussi longtemps qu'il y eut des cartouches dans les chargeurs de nos mitraillettes. Le sous-off Christof Liemke les épuisa le premier. Il dégaina son pistolet pour se tirer dans la tête, mais il n'en eut pas le temps. Les Ivans étaient sur nous. Je levai ma mitraillette. Un Russe me sauta dessus par-derrière et m'arracha l'arme. J'étais prisonnier. C'était la fin de ce combat inégal. Je fus tout de suite séparé de mes hommes et mené à l'interrogatoire. Je ne les ai jamais plus revus. »

Willi Demmer, celui qui avait communié le dimanche de Pâques en priant le Seigneur de lui donner des forces pour les heures les plus sombres, évoque, lui aussi, la capture.

« Le jour commençait à pointer lorsque nous nous mîmes à avancer entre deux champs de blé. Un officier inconnu nous intima l'ordre de nous coucher dans les blés. "Restez là pour la journée, disait-il, et la nuit nous reprendrons la marche." Lorsque le soleil commença à nous chauffer, je retirai mes bottes et mes chaussettes pour les faire sécher. Ce fut le silence. Personne ne parlait. Vers midi, tout d'un coup des obus d'un pak russe passèrent au-dessus de nos têtes et quelqu'un cria : "Kamerad, komm." Nous restâmes silencieux. Puis nous entendîmes la voix d'une jeune femme russe qui avait auparavant travaillé dans une de nos cuisines. Nous étions dénoncés, il ne nous restait plus qu'à lever les mains. »

Les Russes fouillèrent leurs poches, prirent les montres, les stylos, les photos et les gourdes, puis les poussèrent dans un camion. « Tandis que j'escaladais le véhicule, un Russe me prit le dernier morceau de pain de mon sac. Arrivés au village, nous dûmes descendre. Un Russe s'approcha de moi et me fit signe de retirer mes bottes. Il voulait me donner les siennes qui étaient mauvaises. J'essayai de glisser un pied dedans. "Malinki", trop petites, dis-je. Le Russe me rendit les miennes. Mais bientôt en arriva un autre et je dus commencer ma marche vers la captivité en chaussettes. »

On les fit asseoir dans une grange, un officier russe arriva et commença à leur parler en allemand. « "Y a-t-il quelqu'un qui ait lu Clausewitz ?", demanda-t-il. Non, personne parmi nous n'avait lu Clausewitz. La jeune femme russe qui nous avait donnés dut s'asseoir devant l'officier. Il la rabroua violemment et lui porta plusieurs fois la botte à la figure. On nous apporta un seau d'eau et nous pûmes boire. »

Dans le livre souvenir du régiment de grenadiers 18 dont l'auteur est Ernst-Martin Rhein, on peut lire : « Il est impossible de faire un bilan exact et confirmé des tragiques conséquences que la destruction de leur régiment a eu pour les soldats du 18e. Les fichiers concernant les effectifs du régiment au début de l'offensive d'été en Russie sont introuvables. Ils furent détruits ou pris par les Russes. On peut supposer que ses effectifs furent environ de 1 200 hommes au 23 juin 1944. Ce n'est seulement que plusieurs années après la guerre et après le retour des derniers prisonniers qu'on a pu effectuer une évaluation approximative des pertes pour arriver à un chiffre de 40 % de tués ou de disparus. Le nombre de ceux qui réussirent à rejoindre les lignes allemandes fut minime. Beaucoup de ceux qui furent faits prisonniers moururent en captivité. Beaucoup de destins ne furent jamais éclaircis jusqu'à nos jours. Il y en a un cependant dont nous sommes sûrs. Parmi les camarades qui ont préféré la mort à la captivité se trouve aussi notre inoubliable dernier commandant du régiment, le colonel Stephan Höke. Blessé, il s'est tiré une balle dans la tête au moment de sa reddition. Dans la dernière lettre adressée à sa femme il écrivait : “Quand les roses du Christ seront en fleur je ne serai plus.” »

Le colonel, plus porté que soutenu par ses derniers fidèles, avait tout fait pour sauver le maximum de ses hommes en leur donnant l'ordre de rester à l'est du fleuve, d'éviter le pont pour Bobrouisk, la ville-piège, et de se diriger vers le nord-ouest jusqu'aux premières lignes allemandes près de Minsk. Un des derniers qui restèrent avec lui était le baron Geyr von Schweppenburg, l'aumônier de la division, lui aussi disparu dans la tourmente.

Disparu également, Heinrich Appelbaum, le petit caporal aide-médecin du Dr Haape pendant les terribles hivers en Russie. Haape lui a consacré le dernier paragraphe de ses Mémoires. « En 1950, je reçus une lettre adressée à “l'oncle docteur”. Elle provenait de Marlies Appelbaum, la fille de Heinrich, à laquelle j'avais rendu visite dans la ferme paternelle lors de ma première permission venant du front au printemps 1942. “Nous ne savons toujours pas ce qui est arrivé à notre papa, écrivait-elle. Depuis 1944, nous n'avons plus aucune nouvelle de lui.” Heinrich est tombé, conclut Haape. Je le sais, même si je n'ai aucune preuve. Car jamais il n'aurait admis de se faire faire prisonnier par les Russes. Et Müller, le brave petit Müller ? Il se peut qu'il soit disparu aussi sur la Bérézina. Je ne le sais pas. »

Beaucoup de choses ont disparu sur la Bérézina. Bien plus qu'un régiment ou une armée. Cette catastrophe a englouti le dernier Reich allemand, toute une époque, une tradition. Tout un édifice s'est effondré, comme un château de cartes. Ce magnifique édifice fait d'oriflammes, de cuirasses étincelantes et de casques à pointe, construit par une longue lignée de rois prussiens et d'empereurs germaniques. Cet « État-armée » qui a à la fois émerveillé et terrorisé l'Europe, avec ses généraux rutilants rangés en rangs serrés autour de leur empereur ou de leur Führer, avec ses défilés superbes le long des artères de Berlin, son pas de l'oie et ses chants virils, avec sa discipline de fer.

Cette discipline va disparaître aussi, cette obéissance aveugle jusqu'à la mort aux ordres donnés. L'adulation de la patrie et la sublimation de la mort feront partie du passé. Aucun fronton d'une caserne allemande ne portera plus le « *dulce et decorum est pro patria mori* » qui fut le fondement du sens du devoir pour des générations. Il n'y aura plus de victoire à fêter, plus de monuments aux morts dans les villages. Le militarisme allemand disparaîtra. L'armée hitlérienne battue, l'armée abusée, l'armée humiliée sera bannie de la mémoire de la nation.

Josef Scheiter fut l'un des prisonniers du régiment 18 qui survécurent à la captivité. Il s'était distingué à la tête des canons d'infanterie qui défendaient, entourés des hommes du « petit lieutenant Becker », la sortie sud-est du village de Shitinkovo, dans la nuit du 27 décembre 1941. Promu officier pour actes de bravoure, il termina sa carrière au régiment comme officier d'ordonnance auprès du colonel. Scheiter participa à la légendaire marche de « triomphe négatif » de dix mille prisonniers allemands que les Russes offrirent en spectacle à la population moscovite. On les rassembla d'abord dans un stade où on leur servit une épaisse soupe faite de choux gras. Ensuite on les poussa, cent officiers généraux en tête, par groupes de marche de cent à travers les grandes artères de la capitale soviétique. Le peuple de Moscou les assaillit de quolibets et de crachats. Beaucoup d'Allemands qui n'étaient plus habitués à de copieux repas durent baisser culotte en pleine marche, à la plus grande et voluptueuse joie de la populace. « Nous n'avons pas saisi sur le moment, raconte Scheiter dans ses souvenirs, à quel point cette marche à travers Moscou nous humiliait...

« Nous étions totalement épuisés et insensibles, trop

habitués à tous ces déboires pour que nous nous offusquions outre mesure de notre condition. Tout cela faisait tout simplement partie de notre foutue vie de soldats perdus. La tristesse n'en vint que beaucoup plus tard dans les trains qui nous emmenaient vers la Sibérie. »

Ernst-Martin Rhein, le premier porteur de la croix de chevalier du régiment, n'était pas revenu, après sa guérison, à son unité d'origine. On l'avait affecté en tant qu'officier d'état-major à une des multiples « divisions de grenadiers du peuple » que la Wehrmacht créa de toutes pièces à la fin de la guerre pour pallier ses pertes épouvantables. Divisions hétéroclites et de peu de valeur combative, composées le plus souvent d'auxiliaires ou de classes âgées. L'unité était en état de constitution dans la région de Cracovie, en Pologne, et Rhein avait à s'occuper de son ravitaillement en armement et matériel.

À la veille de Noël 1944, il se trouvait à son poste dans l'école d'un village et se fit servir un café. Le poltron de service était un « Volksdeutsch », un Allemand ethnique originaire de la région. « Quand je lui demandai d'où il venait, l'homme répondit "d'Auschwitz". » Rhein avait entendu parler de cet endroit qui ne se trouvait qu'à quarante kilomètres de son cantonnement, il connaissait l'existence d'un grand camp de concentration. Il voulait savoir ce qui s'y passait mais le bonhomme ne voulait pas le dire. Il avait peur. Il avait un beau-frère qui y travaillait comme gardien et qui s'était engagé sous serment à ne jamais divulguer quoi que ce fût de ce qu'il avait vu. Rhein eut beaucoup de difficultés à extirper les renseignements voulus à son ordonnance, mais finalement il apprit tout et en fut abasourdi.

« J'étais comme paralysé, écrit l'ex-commandant dans l'histoire officielle du régiment 18. Un monde s'effondrait en moi. Si ce que cet homme venait de me raconter était vrai, en notre âme et conscience avions-nous encore le droit de nous battre pour l'Allemagne ? Des nuits durant je ne pus plus me défaire des images que le récit de mon soldat m'avait mis devant les yeux. »

Rhein s'était ouvert quelques jours plus tard à un officier supérieur de sa division de ce qu'il avait entendu en lui demandant si, dans ces circonstances, un officier avait encore le droit de donner des ordres à ses subordonnés. Sans mot dire, l'officier sortit un document de son tiroir et le lui tendit. C'était un rapport officiel des autorités berlinoises sur le comportement des premiers éléments de l'armée soviétique, lors de leur incursion en Prusse-Orientale début octobre 1944. Rhein le lut, le rendit à l'officier et dit : « Après avoir lu cela je ne peux dire qu'une chose, en tant qu'officier allemand, j'ai le devoir d'empêcher l'armée soviétique de pénétrer sur le territoire allemand. » Le rapport qu'il avait lu est connu de tous les historiens. Il résume les premières atrocités commises par l'Armée rouge sur le sol allemand, lors de la conquête du Reich.

Rhein tint parole, même s'il lui était impossible d'arrêter l'armée victorieuse sur les frontières de son pays. Il dut mener son dernier combat avec en lui un accablant conflit de conscience. Tous les officiers allemands n'étaient pas dans la même situation. Heureusement ? Rhein se rendit aux Américains en Tchécoslovaquie et fut livré avec cent mille compagnons d'infortune aux Russes qui l'enfermèrent dans un camp en Géorgie. Les crimes du régime nazi devinrent vite le sujet numéro un des conversations entre les occupants des baraques. Les officiers du KGB n'étaient pas avares de révélations. Mais personne ne les avait crus, sauf Rhein qui, lui, possédait des preuves irréfutables.

« Beaucoup d'anciens prisonniers de guerre allemands à qui j'ai pu parler après la guerre m'ont confirmé qu'ils avaient seulement eu connaissance des crimes du régime dans les camps des vainqueurs, mais qu'ils avaient été incapables de les croire. Le fait qu'on avait tué systématiquement des millions d'hommes, de femmes et d'enfants dans des chambres à gaz se situait en dehors des limites de leur imagination », conclut Rhein.

L'histoire du régiment de grenadiers 18 ne se termina pas à proprement parler sur les rives du fleuve destin en Biélorussie. Elle eut un tragique épilogue. Comme pour toutes les grandes unités détruites pendant des combats sur tous les fronts de la guerre, le haut commandement de la Wehrmacht ordonna la reconstitution de la 6e division d'infanterie dite « rhénano-westphalienne ». Elle commença en été 1944 dans l'immense polygone de la Senne en Westphalie et se termina à l'automne de la même année. Le régiment 18 fut constitué de deux bataillons équipés de lance-roquettes « Ofenrohr » (tuyau de poêle). Il fut mis en marche, avec ses deux vieux régiments frères 37 et 58, en septembre. Direction la Pologne, où les Russes tenaient depuis l'été plusieurs têtes de pont sur la Vistule, au sud de Varsovie.

Arrivé à destination, il prit la relève de la Panzerdivision Hermann Goering, s'installa sur ses positions comme l'avait fait trois mois auparavant son ancêtre disparu à mille kilomètres plus à l'est sur le Dniepr. L'Armée rouge, tel un hanneton qui gonfle tranquillement ses poumons avant de prendre son envol, attendait également. Elle n'était pas pressée, sachant que le fruit était mûr.

La nouvelle et dernière offensive russe intervint le 14 janvier 1945. Menée avec la supériorité habituelle en hommes et en armes, elle bouscula vite les défenses allemandes sur la Vistule. La 6e division réussit à se maintenir pendant six jours sur ses positions. L'héroïsme de ses hommes, parmi lesquels les Westphaliens du 18e grenadiers en première ligne fut en tous points égal à celui des défenseurs de Rjev et de la Bérézina, les pertes non moins importantes. Pour la deuxième fois en quelques jours, le régiment fut entièrement détruit. La récolte de la grande faucheuse était plus copieuse encore que sur la Bérézina. Tous les commandants de bataillon et tous les commandants de compagnie furent tués, parmi lesquels un des tout derniers « vieux », l'Oberleutnant Rudi Becker, le « petit Becker », l'ami de Haape, un des héros de Shitinkovo. Il avait rejoint, après sa troisième guérison, son vieux régiment au camp de la Senne pour l'accompagner sur son dernier chemin. Avec lui, une cinquantaine d'autres avaient fait comme lui, rafistolés comme lui après une énième blessure. L'appel du « groupe primaire » avait été plus fort que les sirènes de la désertion.

ÉPILOGUE

Ils se sont retrouvés après la guerre, en 1952, sept ans après la fin du conflit, deux ans après que la plupart de leurs anciens camarades furent rentrés au pays, revenant des camps sibériens. Mais « Corle » Becker, leur ancien chef, devenu général et commandant de division, devait encore y rester trois de plus. Il avait été condamné à vingt-cinq ans de travaux forcés par un tribunal militaire soviétique, comme « criminel de guerre », ainsi que des milliers d'autres généraux et officiers allemands, tous en bloc. Le « défenseur de Rjev » n'est revenu qu'en 1955, avec les derniers dix mille prisonniers allemands en Russie, libérés grâce à Konrad Adenauer.

Ils fondèrent une « association des anciens du régiment d'infanterie n° 18 » dont les coprésidents furent Jörg von Kalckreuth et Johannes Rompzik, un des cinq porteurs de la croix de chevalier du régiment. Il y avait encore un bon millier d'anciens, revenants de Kalinine, de Staritza, de Rjev, de « Zitadelle » et de la Bérézina. Ils se revirent une fois par an, pendant quelques années encore. Ils se racontaient des histoires de Russie. Ils échangeaient des souvenirs. Ils recherchaient en commun le destin de tel ou tel camarade disparu, là-bas, dans les étendues sans bornes qui avaient englouti tant de monde. Ils s'étaient posé la même question que leurs pères s'étaient posée après 1918. « Kamerad, wo bist Du ? » (Camarade, où es-tu ?) Et ils n'avaient pas trouvé de réponse. Indépendamment des morts recensés, un million et demi de soldats allemands se sont évanouis en Russie, sans laisser de trace, plus de la moitié d'entre eux dans les camps soviétiques.

Puis, ils ne se sont plus posé de questions. Ils ont laissé cela aux historiens, ceux des vainqueurs surtout. Ils étaient trop occupés à refaire leur vie, à reconstruire leur pays, à ne pas rater le miracle allemand. Et puis pourquoi ? Ils n'avaient rien à se reprocher. Ils avaient défendu leur patrie et leurs familles ; ils avaient fait leur devoir, un point c'est tout.

Les plus hauts dignitaires militaires parmi les anciens ennemis, les Alexander, Fuller, Ridgway, Alanbrook, Patton, Eisenhower et autres de Lattre de Tassigny, n'avaient-ils pas reconnu, d'une façon chevaleresque, la bravoure, le sens du devoir et du sacrifice du soldat allemand au cours du deuxième conflit ? George C. Marshall, chef d'état-major de l'US Army pendant la Deuxième Guerre mondiale, n'avait-il pas écrit, après 1945 : « Les Allemands sont des combattants par nature, nous devons l'avouer. Ils étaient instruits d'une manière exemplaire, et le fondement de leur discipline était inébranlable. »

Cela leur suffit. C'était plus qu'une récompense. C'était une consécration.

Quelques-uns se retrouvent encore, presque soixante ans après. Ils ne sont plus très nombreux, mais ils sont groupés sous la présidence d'Ernst-Martin Rhein, qui traîne toujours sa jambe grièvement blessée à Rjev et « réparée » par les chirurgiens. Leur association est marraine d'un bataillon de chars de la Bundeswehr, la nouvelle armée allemande. Depuis 1979, un petit monument dans un coin de la caserne de ce bataillon rappelle la mémoire de leur ancien régiment, de ses milliers de tués, et les casernements des jeunes soldats portent les noms de quelques anciens du 18e, de Carl Becker entre autres, et d'Albrecht Schnitger, le héros de Rjev.

Des liens similaires entre survivants d'anciens régiments de la Wehrmacht et des unités de la Bundeswehr existent dans d'autres garnisons. On appelle cela « Traditionspflege », maintien des traditions, même si, officiellement, la République fédérale n'admet pas ce lien entre l'armée de

Hitler et la nouvelle armée de l'Allemagne démocratique Mais on ferme les yeux en se disant que ce qui peut et doit être dit, à savoir l'éthique du soldat, est de se battre dans l'honneur et les règles établies entre nations civilisées, que, dans leur grande majorité, les soldats allemands de la dernière guerre se sont conduits conformément à cette éthique. L'exposition sur les « crimes de la Wehrmacht » qui court les villes allemandes depuis deux ans essaie de prouver le contraire, mais elle ne convainc pas tout le monde. Le résultat le plus visible est de dresser comme un seul homme tous les anciens de l'armée défunte contre ses organisateurs, des historiens de la génération des soixante-huitards. Un résultat moins visible est une grande tristesse partagée par les anciens et les jeunes : comment un tel gâchis a-t-il pu arriver ?

Ce qu'ils avaient vraiment à cœur, les survivants de la grande boucherie dans les rangs du 18e régiment d'infanterie, était tout autre chose. Ils voulaient se réconcilier avec leurs anciens adversaires, avec les « rouges » et les « barbares » d'hier dont ils savaient si bien qu'ils étaient, comme eux, victimes d'un régime inhumain et souffraient d'un même sort cruel.

Pour ce faire, il fallut attendre la chute du mur de Berlin et la fin du communisme en Europe de l'Est qui avait tenu ces peuples sous une férule impitoyable, dans une sorte de réclusion et de haine du monde extérieur. Une fois le mur tombé et Mikhaïl Gorbatchev reçu par le peuple allemand comme un nouvel archange de la paix, les vrais sentiments s'épanchèrent tel un fleuve retenu par un barrage, des deux côtés de l'ex-rideau de fer. Des colis allemands, par milliers de tonnes, spontanément confectionnés par les filles du miracle et adressés aux babouchka de Moscou remplirent des camions et passèrent la frontière, preuves d'un besoin confus de réparer et de se repentir. Preuves, aussi, d'une joie inattendue, de l'impossible devenu réalité : la réunification de l'Allemagne dans la paix.

Ernst-Martin Rhein et ses amis de la Mutuelle du régiment ne voulaient pas être en reste et désiraient aussi payer leur dette. Comme but de leur tentative de réconciliation, ils choisirent Rjev, la ville symbole de leur plus grand sacrifice, et aussi du sacrifice de cinq cent mille Russes tombés sous leur feu dans la bataille.

Rhein est allé cinq fois à Rjev. La première fois en 1993, trois ans après la réunification de l'Allemagne. Auparavant, son association avait adressé une lettre au conseil régional des anciens combattants de la région de Tver, l'ancien Kalinine, elle demandait de la faire suivre au conseil de Rjev. Dans cette lettre, les anciens du 18e sollicitaient leurs anciens adversaires de leur tendre la main en signe de réconciliation et de pardon, dans l'intérêt de l'effort de paix et de l'éducation des jeunes générations vers l'entente entre les peuples. La réponse arriva cinq mois plus tard. Elle était positive. « Votre intention de nous rencontrer dans le but de devenir amis reçoit notre plus chaleureuse approbation. Notre monde est troublé. Il a besoin de contacts et d'amitié. Nous voulons vivre en bon voisinage pour que nos enfants et nos petits-enfants ne se fassent plus jamais la guerre. »

Ils se sont revus plusieurs fois. Rjev est jumelée avec Gütersloh, une des anciennes villes de garnison du 18e. Au début, le grand dessein des Allemands était d'ériger une croix noire sur la rive élevée de la Volga près de Rjev, qui devait surplomber un vaste cimetière contenant les restes des soldats russes et allemands unis dans la mort. Mais cette intention rencontra une vive résistance chez certains anciens combattants de la ville. La presse communiste s'empara de l'affaire, trouvant insupportable l'idée que des héros soviétiques puissent reposer dans une même enceinte que les envahisseurs qu'ils avaient tenté de repousser, insupportable aussi l'idée qu'on honorerait les morts allemands d'une tombe tandis que des milliers de soldats soviétiques tombés autour de Rjev n'avaient pas encore trouvé leur repos définitif. Ce à quoi les Allemands répondirent que ce n'était pas de leur faute si tel était encore le cas, cinquante ans après la fin de la guerre.

Cette affaire remonta jusqu'aux plus hautes instances de Moscou, mais finalement tout s'arrangea, et la plainte des vétérans irréductibles fut repoussée en dernière instance. Rjev aura sa croix. Elle sera inaugurée solennellement en 1998. L'association allemande pour les soins aux sépultures militaires a commencé ses travaux de recherche des tombes qui n'ont ni nom, ni croix. On sait déjà qu'un garage désaffecté à Rjev a été construit après la guerre sur l'emplacement du plus grand cimetière militaire allemand de la ville, créé en automne 1943, couvrant les restes de douze cents soldats de la 9e armée.

Le nombre total des Allemands tués dans et autour de Rjev fut de cinquante mille. Les pertes russes furent dix fois plus élevées. À part quelques monuments à Rjev et à Polunino, là où les hommes de « Corle » Becker résistèrent en 1942 à huit attaques russes sans abandonner un mètre carré de terrain, rien ne rappelle le souvenir du demi-million de victimes russes. Ils ont tout simplement été ensevelis dans des fosses communes dont personne ne semble connaître l'emplacement.

Ce qui demeure chez ceux qui ont vécu cela et qui se rassembleront peut-être un jour sous la haute croix de Rjev ne peut être que le sentiment d'une énorme tragédie, d'une hérésie de la pensée humaine, une grotesque aberration de l'esprit dont ils furent tous victimes dans les meilleures années de leur vie. Quelle gabegie, et quel gâchis. Il leur reste comme une « immense gueule de bois ». Et aussi la certitude d'avoir été les derniers sujets du genre humain à avoir servi de cobayes aux folies d'un autocrate. Une bien amère certitude.

Ernst-Martin Rhein est également allé à Shitinkovo, ou plutôt a essayé d'y aller. Il a dû abandonner sa tentative aux trois quarts du chemin, car la bonne vieille mère Russie n'a pas changé dans le demi-siècle de temps passé. C'était à l'automne et la pluie tombait, comme à l'automne 1941. L'eau avait transformé la terre en une mer de boue, comme en automne 1941. Les roues de sa voiture, une vieille Opel prêtée par un ami russe, n'avaient pas trouvé prise dans la glaise. Le modernisme n'était pas encore passé par là. Tant pis, il essayera une autre fois, au printemps, quand les chemins auront séché.

collection tempus
Perrin

DÉJÀ PARU

100. *Marie Curie* – Laurent Lemire.
101. *Histoire des Espagnols,* tome I – Bartolomé Bennassar.
102. *Pie XII et la Seconde Guerre mondiale* – Pierre Blet.
103. *Histoire de Rome,* tome I – Marcel Le Glay.
104. *Histoire de Rome,* tome II – Marcel Le Glay.
105. *L'État bourguignon 1363-1477* – Bertrand Schnerb.
106. *L'Impératrice Joséphine* – Françoise Wagener.
107. *Histoire des Habsbourg* – Henry Bogdan.
108. *La Première Guerre mondiale* – John Keegan.
109. *Marguerite de Valois* – Eliane Viennot.
110. *La Bible arrachée aux sables* – Werner Keller.
111. *Le grand gaspillage* – Jacques Marseille.
112. *« Si je reviens comme je l'espère » : lettres du front et de l'Arrière, 1914-1918* – Marthe, Joseph, Lucien, Marcel Papillon.
113. *Le communisme* – Marc Lazar.
114. *La guerre et le vin* – Donald et Petie Kladstrup.
115. *Les chrétiens d'Allah* – Lucile et Bartolomé Bennassar.
116. *L'Égypte de Bonaparte* – Jean-Joël Brégeon.
117. *Les empires nomades* – Gérard Chaliand.
118. *La guerre de Trente Ans* – Henry Bogdan.
119. *La bataille de la Somme* – Alain Denizot.
120. *L'Église des premiers siècles* – Maurice Vallery-Radot.
121. *L'épopée cathare,* tome I, *L'invasion* – Michel Roquebert.
122. *L'homme européen* – Jorge Semprún, Dominique de Villepin.
123. *Mozart* – Pierre-Petit.
124. *La guerre de Crimée* – Alain Gouttman.
125. *Jésus et Marie-Madeleine* – Roland Hureaux.
126. *L'épopée cathare,* tome II, *Muret ou la dépossession* – Michel Roquebert.
127. *De la guerre* – Carl von Clausewitz.
128. *La fabrique d'une nation* – Claude Nicolet.
129. *Quand les catholiques étaient hors la loi* – Jean Sévillia.
130. *Dans le bunker de Hitler* – Bernd Freytag von Loringhoven et François d'Alançon.
131. *Marthe Robin* – Jean-Jacques Antier.
132. *Les empires normands d'Orient* – Pierre Aubé.

133. *La guerre d'Espagne* – Bartolomé Bennassar.
134. *Richelieu* – Philippe Erlanger.
135. *Les Mérovingiennes* – Roger-Xavier Lantéri.
136. *De Gaulle et Roosevelt* – François Kersaudy.
137. *Historiquement correct* – Jean Sévillia.
138. *L'actualité expliquée par l'Histoire.*
139. *Tuez-les tous! La guerre de religion à travers l'histoire* – Elie Barnavi, Anthony Rowley.
140. *Jean Moulin* – Jean-Pierre Azéma.
141. *Nouveau monde, vieille France* – Nicolas Baverez.
142. *L'Islam et la Raison* – Malek Chebel.
143. *La gauche en France* – Michel Winock.
144. *Malraux* – Curtis Cate.
145. *Une vie pour les autres. L'aventure du père Ceyrac* – Jérôme Cordelier.
146. *Albert Speer* – Joachim Fest.
147. *Du bon usage de la guerre civile en France* – Jacques Marseille.
148. *Raymond Aron* – Nicolas Baverez.
149. *Joyeux Noël* – Christian Carion.
150. *Frères de tranchées* – Marc Ferro.
151. *Histoire des croisades et du royaume franc de Jérusalem*, tome I, *1095-1130, L'anarchie musulmane* – René Grousset.
152. *Histoire des croisades et du royaume franc de Jérusalem*, tome II, *1131-1187, L'équilibre* – René Grousset.
153. *Histoire des croisades et du royaume franc de Jérusalem*, tome III, *1188-1291, L'anarchie franque* – René Grousset.
154. *Napoléon* – Luigi Mascilli Migliorini.
155. *Versailles, le chantier de Louis XIV* – Frédéric Tiberghien.
156. *Le siècle de saint Bernard et Abélard* – Jacques Verger, Jean Jolivet.
157. *Juifs et Arabes au XXe siècle* – Michel Abitbol.
158. *Par le sang versé. La Légion étrangère en Indochine* – Paul Bonnecarrère.
159. *Napoléon III* – Pierre Milza.
160. *Staline et son système* – Nicolas Werth.
161. *Que faire?* – Nicolas Baverez.
162. *Stratégie* – B. H. Liddell Hart.
163. *Les populismes* (dir. Jean-Pierre Rioux).
164. *De Gaulle, 1890-1945,* tome I – Eric Roussel.
165. *De Gaulle, 1946-1970,* tome II – Eric Roussel.
166. *La Vendée et la Révolution* – Jean-Clément Martin.
167. *Aristocrates et grands bourgeois* – Eric Mension-Rigau.
168. *La campagne d'Italie* – Jean-Christophe Notin.
169. *Lawrence d'Arabie* – Jacques Benoist-Méchin.
170. *Les douze Césars* – Régis F. Martin.
171. *L'épopée cathare,* tome III, *Le lys et la croix* – Michel Roquebert.

172. *L'épopée cathare,* tome IV, *Mourir à Montségur* – Michel Roquebert.
173. *Henri III* – Jean-François Solnon.
174. *Histoires des Antilles françaises* – Paul Butel.
175. *Rodolphe et les secrets de Mayerling* – Jean des Cars.
176. *Oradour, 10 juin 1944* – Sarah Farmer.
177. *Volontaires français sous l'uniforme allemand* – Pierre Giolitto.
178. *Chute et mort de Constantinople* – Jacques Heers.
179. *Nouvelle histoire de l'Homme* – Pascal Picq.
180. *L'écriture. Des hiéroglyphes au numérique.*
181. *C'était Versailles* – Alain Decaux.
182. *De Raspoutine à Poutine* – Vladimir Fedorovski.
183. *Histoire de l'esclavage aux Etats-Unis* – Claude Fohlen.
184. *Ces papes qui ont fait l'histoire* – Henri Tincq.
185. *Classes laborieuses et classes dangereuses* – Louis Chevalier.
186. *Les enfants soldats* – Alain Louyot.
187. *Premiers ministres et présidents du Conseil* – Benoît Yvert.
188. *Le massacre de Katyn* – Victor Zaslavsky.
189. *Enquête sur les apparitions de la Vierge* – Yves Chiron.
190. *L'épopée cathare,* tome V, *La fin des Amis de Dieu* – Michel Roquebert.
191. *Histoire de la diplomatie française,* tome I.
192. *Histoire de la diplomatie française,* tome II.
193. *Histoire de l'émigration* – Ghislain de Diesbach.
194. *Le monde des Ramsès* – Claire Lalouette.
195. *Bernadette Soubirous* – Anne Bernet.
196. *Cosa Nostra. La mafia sicilienne de 1860 à nos jours* – John Dickie.
197. *Les mensonges de l'Histoire* – Pierre Miquel.
198. *Les négriers en terres d'islam* – Jacques Heers.
199. *Nelson Mandela* – Jack Lang.
200. *Un monde de ressources rares* – Le Cercle des économistes et Erik Orsenna.
201. *L'histoire de l'univers et le sens de la création* – Claude Tresmontant.
202. *Ils étaient sept hommes en guerre* – Marc Ferro.
203. *Précis de l'art de la guerre* – Antoine-Henri Jomini.
204. *Comprendre les Etats-unis d'aujourd'hui* – André Kaspi.
205. *Tsahal* – Pierre Razoux.
206. *Pop philosophie* – Mehdi Belahj Kacem, Philippe Nassif.
207. *Le roman de Vienne* – Jean des Cars.
208. *Hélie de Saint Marc* – Laurent Beccaria.
209. *La dénazification* (dir. Marie-Bénédicte Vincent).
210. *La vie mondaine sous le nazisme* – Fabrice d'Almeida.
211. *Comment naissent les révolutions.*
212. *Comprendre la Chine d'aujourd'hui* – Jean-Luc Domenach.
213. *Le second Empire* – Pierre Miquel.

214. *Les papes en Avignon* – Dominique Paladilhe.
215. *Jean Jaurès* – Jean-Pierre Rioux.
216. *La Rome des Flaviens* – Catherine Salles.
217. *6 juin 44* – Jean-Pierre Azéma, Philippe Burrin, Robert O. Paxton.
218. *Eugénie, la dernière impératrice* – Jean des Cars.
219. *L'homme Robespierre* – Max Gallo.
220. *Les Barbaresques* – Jacques Heers.
221. *L'élection présidentielle en France, 1958-2007* – Michel Winock.
222. *Histoire de la Légion étrangère* – Georges Blond.
223. *1 000 ans de jeux Olympiques* – Moses I. Finley, H. W. Pleket.

À PARAÎTRE

Quand les Alliés bombardaient la France – Eddy Florentin.
Le royaume wisigoth d'Occitanie – Joël Schmidt.
Jeanne d'Arc – Colette Beaune.
L'épuration sauvage – Philippe Bourdrel.

Impression réalisée par

BRODARD & TAUPIN

La Flèche (Sarthe), le 10-09-2010
pour le compte des Éditions Perrin
76, rue Bonaparte
75006 Paris
N° d'édition : 1739 – N° d'impression : 60048
Dépôt légal : octobre 2002
Imprimé en France